UNIVERSITY OF NORTH CAROLINA AT CHAPEL HILL
DEPARTMENT OF ROMANCE LANGUAGES

NORTH CAROLINA STUDIES
IN THE ROMANCE LANGUAGES AND LITERATURES

Founder: URBAN TIGNER HOLMES
Editors: MARÍA A. SALGADO
CAROL L. SHERMAN

Distributed by:

UNIVERSITY OF NORTH CAROLINA PRESS

CHAPEL HILL
North Carolina 27515-2288
U.S.A.

NORTH CAROLINA STUDIES IN THE
ROMANCE LANGUAGES AND LITERATURES
Number 252

EL CÍRCULO Y LA FLECHA:
PRINCIPIO Y FIN, TRIUNFO Y FRACASO
DEL *PERSILES*

EL CÍRCULO Y LA FLECHA:
PRINCIPIO Y FIN, TRIUNFO Y FRACASO DEL *PERSILES*

JULIO BAENA

CHAPEL HILL

NORTH CAROLINA STUDIES IN THE ROMANCE
LANGUAGES AND LITERATURES
U.N.C. DEPARTMENT OF ROMANCE LANGUAGES

1996

Library of Congress Cataloging-in-Publication Data

Baena, Julio, 1955-
  El círculo y la flecha: principio y fin, triunfo y fracaso del Persiles / por Julio Baena.

  168 p. – cm. – (North Carolina Studies in the Romance Languages and Literatures: no. 252)

  Includes bibliographical references (p. 159).
  ISBN 0-8078-9256-4 (alk. paper)

  1. Cervantes Saavedra, Miguel de, 1547-1616. Trabajos de Persiles y Sigismunda. I. Title. II. Series.
  PQ6327.P5B34   1996
  863'.3 – dc20

                                                                                      95-34850
                                                                                           CIP

© 1996. Department of Romance Languages. The University of North Carolina at Chapel Hill.

ISBN 0-8078-9256-4

DEPÓSITO LEGAL: V. 1.020 - 1996   I.S.B.N. 84-599-3446-2

ARTES GRÁFICAS SOLER, S. A. - LA OLIVERETA, 28 - 46018 VALENCIA - 1996

A mi hijo Diego, contemporáneo riguroso

ÍNDICE

	Pág.
Prefacio y reconocimientos	11
Esta misma mañana (a modo de Introducción)	17
Capítulo 1. Ciclos y epiciclos (cosmos, intención, lenguajes totalitarios)	25
Capítulo 2. El laborioso nacimiento de Periandro	45
Capítulo 3. Geometría y geografía del *Persiles*	65
Capítulo 4. Analogías y figuraciones	77
Capítulo 5. Rectificaciones (tiempos interesantes)	102
Capítulo 6. *Is there a Woman in this cave?* (la última palabra: [in]conclusiones)	122
Apéndice 1. (Algo sobre) los nombres del *Persiles*	143
Apéndice 2. Del 1 y del 0	153
Bibliografía	159

PREFACIO Y RECONOCIMIENTOS

En lo que sigue se reconocerán, además de los autores expresamente citados, unos pocos colegas y maestros. Sin ellos, no sólo sería este libro peor de lo que es, sino que, por una parte, no existiría, ni como bueno ni como malo, y por otra no podría leerse.

Los textos de estos pocos hombres y mujeres tienen en relación al mío una copresencia que excede con mucho a la de las normales fuentes bibliográficas, a la que como contexto tienen normalmente, e incluso a la noción corrientemente recibida de intertextualidad. Son, en verdad, co-textos, partes complementarias de un *diálogo* en un sentido cuasi-renacentista que quiero dar al término. Los demás, los que no están en esta corta lista, han estado, a veces decisivamente, detrás de la cámara, entre bastidores, son muchísimos, y con ellos tengo gran deuda de gratitud. Mas no voy a brindarles sino un colectivo y sincero "¡Gracias!," pues no quisiera incluir sus nombres en una lista "de segundo plano" que, forzosamente, deben ocupar tras el grupo selecto a que me he referido: los de la pantalla, los de encima del escenario, aquellos que conmigo han sido protagonistas.

Este libro se puede leer de dos maneras: la habitual, en que muchas de las lecturas recomendadas, de los "véase," de los contextos de las citas quedan sin averiguación por parte del lector, con las excepciones que siempre se derivan de una específica curiosidad, y otra que aquí propongo, consistente en leer este libro en diálogo, o en dialéctica, con esos textos co-protagonistas. Así pues, recomiendo, encarezco, pido, espero de quien esto lee la lectura atenta de los otros textos, cuyos autores, por orden alfabético, son los siguientes:

Juan Bautista Avalle-Arce, autor de la edición que todos citamos con tan rara unanimidad de páginas, que casi podemos, como en el chiste de los presos, convocar los pasajes del *Persiles* con sólo mentar el número de la página. Su edición es *la* edición, y su prólogo, *el* prólogo.

Cesáreo Bandera, no sé si centro o borde, junto a René Girard, del huracán de una famosa controversia que no quiero dejar en paz, aunque pudiera, y cuyas sucesivas "entregas" doy en la bibliografía. Su *Mímesis conflictiva* es, todavía, vital, urgente, necesario, aunque sólo sea como flagelo al autoarrobamiento y a la onfaloscopia, o como desintoxicante de cuanto nos hicieron tragar en el 92 los mitificadores. Su último *The Sacred Game* habla de muchas de las mismas cosas que yo toco aquí. Desde este aquí y este ahora le pido perdón por no hablar de Calderón. Algo echaré de Góngora en la olla.

Joaquín Casalduero, el verdadero punto de partida de todos los demás, el primer crítico moderno del *Persiles*. Precisamente por mi afinidad ideológica con sus máximos detractores, he de volver a él, y hemos de volver a él. Su *Persiles* no nos gusta, pero es muy real, y ningún cerrar de ojos mágico va a hacer que desaparezca. Para que nos guste, hemos de mutilarle demasiadas cosas. Pero Casalduero no debe ser chivo expiatorio que pague por culpas cervantinas. Parte del misterio del *Persiles* es precisamente que se nos resiste, a pesar de que a unos pocos sí les guste. Es tan válido preguntarse por qué el *Quijote* gusta a todo el mundo, como por qué el *Persiles* gusta sólo a unos pocos, o gusta sólo un poco. Además, el *Sentido y forma de "Los trabajos de Persiles y Sigismunda"* es obra de un crítico que, anticuado en su proceder, posee una finísima intuición trascendente de toda metodología.

Si lejos queda para mí Jung, cerca queda El Saffar (pero también queda más lejos Girard que Bandera). Tras los trabajos de Ruth El Saffar, concretamente *Novel to Romance* y *Beyond Fiction*, Cervantes se nos ha dado la vuelta, se nos ha revelado y se nos ha complicado. Temblábamos tras *Mímesis conflictiva* por haber mirado cara a cara (espantosa cara, pues no tenía ninguna) a la violencia, y somos confortados por las manos y el rostro de la *mujer recobrada*: manos y rostro que, en su incómoda proximidad, nos quitan el sosiego. En el fondo, Baena, cobarde, ¿no querrá volver a las ollas de Egipto cómodas del "aquí morirá Sansón"? Este libro fue escrito antes de que se nos marchara Ruth. Era mi ilusión seguir confrontando ideas: no pudo ser. Su última contribución al *Persiles* son, muy en su estilo, sus trabajos póstumos, que nos traen a casa el hecho abstracto del libro que se manda a la imprenta póstumamente, o "puesto ya el pie en el estribo." ¿Cómo no leer ahora el *Persiles* con su aura de muerte y de lucha, y de arrogancia suprema humana?

Alban Forcione, el maestro de mesura exacta, irrebatible en su solidez y elegancia apolíneas. Aunque él lo explica, sigo sin llegar al fondo del motivo para el tajo radical que le hizo separar *Cervantes, Aristotle and the Persiles* de *Cervantes' Christian Romance*. Es obvio que se trata de dos trabajos muy distintos, ya que uno se concentra en los aspectos retórico-literarios, con una tesis concreta que demostrar en lo que respecta al texto cervantino *vis-a-vis* la preceptiva de corte aristotélico, y el otro es un estudio temático, una hermenéutica del *Persiles*. Mas lo que me intriga es precisamente los intrincados lazos por los que Cervantes organiza su texto "cristiano" según una forma de proceder "neutra" en principio frente a lo religioso. Me interesa lo totalitario del *Persiles*.

¿Qué hace aquí Rafael Sánchez Ferlosio, quien no sólo no es cervantista, sino que abomina a las veces de toda literatura, considera la prosa del XVII español como inmensamente inferior a la del XV (pero le roba a Cervantes un precioso título para uno de los libros más extraños que jamás se hayan escrito; pero dice de él Savater que "todo lo que toca lo convierte en literatura"), y es casi unánimemente ignorado, cuando no tildado, en repelente conmiseración, de casi loco hurón que se opone a todo? Es, simplemente, a este libro y a su autor lo que Girard fue a *Mímesis conflictiva* y al suyo. Quienes lo desconocen han de saber que están dejando de leer a nuestro novísimo Unamuno, pero mucho más lógico; a nuestro español Foucault, pero mucho mejor escritor que el francés; a un pensador agudo, sabio, erudito, iconoclasta y tozudo. Poco recomendable es Ferlosio para el sosiego, en verdad. En lo que a mí respecta, proclamo que si algún lector, tras leer este libro, considera que algo interesante había en él, débese la gloria al inspirador de todo, más allá del cervantismo, que no es otro que Rafael Sánchez Ferlosio. De entre sus muchos ensayos, encarezco, por bello, tenso, profundo y maestro, *Mientras no cambien los dioses, nada ha cambiado*. Léase junto al *Libro del Tao*.

Diana de Armas Wilson es, hoy por hoy, la auténtica gran especialista en el *Persiles*, la que incluyó en la crítica cervantina el más profundo *feminismo científico*, con todas sus consecuencias. Su *Allegories of Love* es un desafío a muchos hispanistas, de tanto alcance, a mi entender, como la frase que lanzó aún hace poco Paul Julian Smith ("Spain is the woman of Europe"), si no tan obviamente provocador. Suficientemente distinto, comoquiera, como para no gustar a quienes parten "de donde siempre." Su impresionante erudición bebida en las fuentes de los grandes (o sea, no en la provincia hispánica del saber, sino en la europea de los mejores comparatistas) se une a su buen humor, a sus rincones para perderse o quedarse, a su agilidad. No hay defensa posible sino para el que ante su libro adopte instintivamente una posición defensiva que ponga al descubierto sus debilidades. No hay defensa, sino sólo hacerse a un lado: el lado poco transitado por ella, el lado o cuneta donde habíamos quedado todos o casi todos los demás. Diana Wilson, empero, es generosa: al abrir la carretera, dejó abierta una ancha cuneta de erudición y de llaneza.

Por supuesto, la bibliografía sería parte de la larga lista de agradecimientos. Hay en ella un libro recomendado, pero no leído, debido a causa mayor: hablo del autor que todos los colegas citan, por sus brillantes aportaciones, pero que yo no puedo sino citar de oídas, por no saber alemán. Me refiero, claro está, a Tilbert Diego Stegmann, y a su libro *Cervantes' Musterroman "Persiles."* Otra lectura que debería haber merecido más detenimiento por mi parte es la de Eduardo González, cuyo análisis psicoanalítico considero capital, pero cuyas noticias me llegaron demasiado tarde como para haber incorporado (*canibalizado*) en mi texto más ideas desde ese punto de vista, sin serles injusto. Igualmente tarde me llegó *Co(s)mic Chaos* de Amy Williamsen, que, si bien parte de supuestos teóricos totalmente distintos (distintos en un sentido casi absoluto), llega a concretizar unas sospechas muy parecidas a las mías. Lo que no sabe Amy Williamsen es que esas mismas sospechas las tenía ya hace tiempo mi amigo Roberto Valero, a quien ella cita desde otro ángulo totalmente distinto, y que también se nos ha ido cruelmente. No puedo omitir aquí su especialísimo y emocionado recuerdo.

Con Eduardo Urbina tengo un especial abanico de deudas, entre las que está la sugerencia para el título final de este libro. Una de las sugerencias que él y otros lectores me hicieron fue la de suprimir o diluir estos reconocimientos, en aras de no despistar al lector, que asumiría que este libro es menos original de lo que es en realidad. Aunque así fuera, no voy a poder complacerlos. Puede, sí, que este mi libro sea original, pero no deja de ser un original endeudamiento.

A todos, pues, gracias, y perdón por mi osadía (no que lo que digo sea osado, sino que tengo la osadía de decirlo sin que nadie me lo haya preguntado).

Este libro ha podido publicarse gracias a la generosidad de la Escuela Graduada de la Universidad de Colorado en Boulder. Para ellos mi último agradecimiento.

Los gemelos idénticos se muerden, se retuercen las manos... tal violencia es gratuita, no tiene objeto. ¿Cómo va a tener objeto la violencia o el deseo, si Cupido no sólo no ha disparado su flecha, sino que ni siquiera ha terminado su arco?

Parmigianino: *Cupido dando forma a su arco.* (Reproducido con el permiso y la gentileza del Kunsthistorisches Museum, Vienna.)

⟶

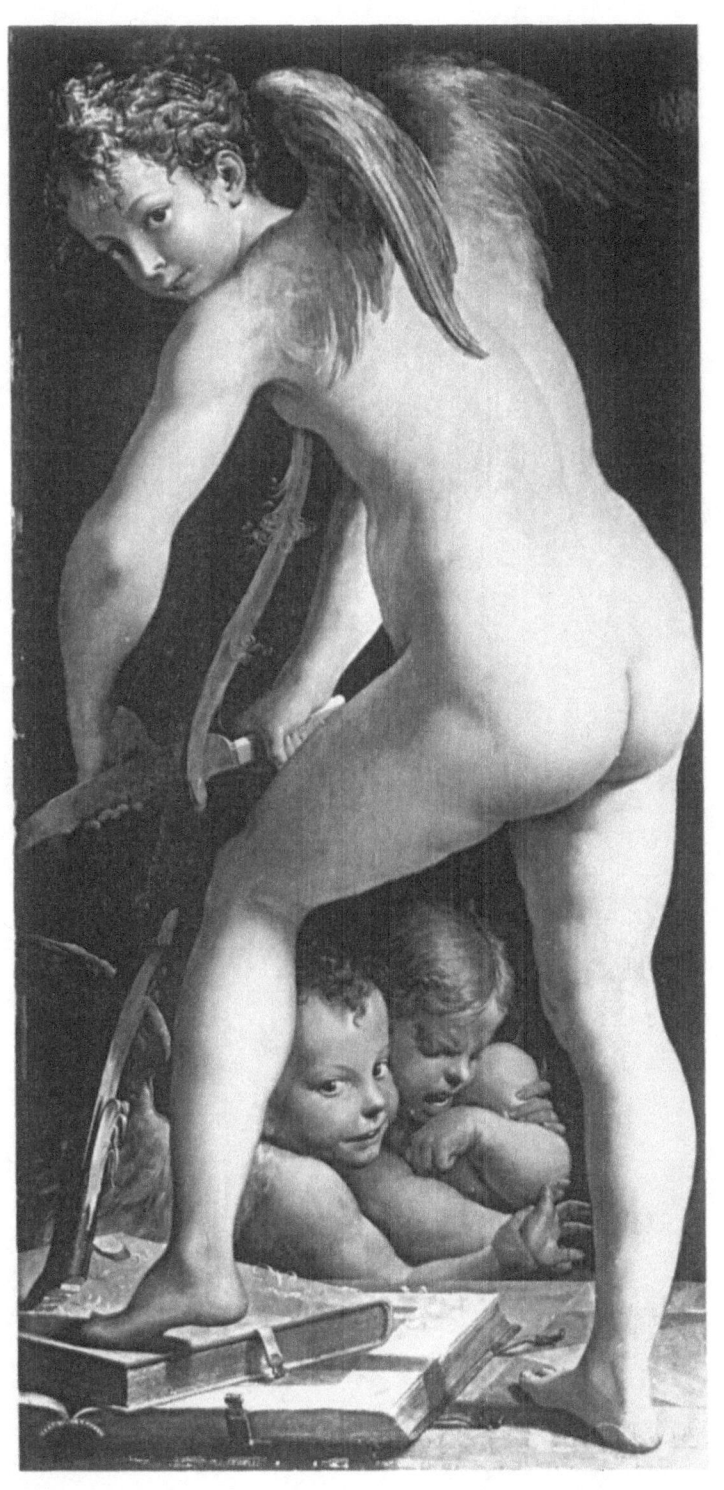

ESTA MISMA MAÑANA

A modo de Introducción

> ¿Acaso pide la felicidad tener sentido?
> Niégate, pues, a dárselo al dolor.
> (Rafael Sánchez Ferlosio)

1. La economía va a terminar siendo –¡a estas alturas!– la ciencia alfa y omega de entre las humanas, para regocijo de un Marx que se creía más enterrado que nunca. Si en el principio era la violencia, como Heráclito anunció y Girard predicó, y esa violencia es violación engendradora tanto de los inevitables gemelos que han de parirse como de la necesidad sacrificial, de la víctima propiciatoria, y si ese mundo basado en un sacrificio expiatorio es, pues, un mundo basado en el *quid pro quo*, en el pago, un mundo, como dice Rafael Sánchez Ferlosio, de valores, en cuanto a que se oponen a los bienes, entonces vemos nítido el rostro de ese jinete malévolo que cabalga a lomos de la violencia: vemos un principio económico en la base de toda conducta, que es toda desgracia, humana. El sacrificio ha de ser forzosamente inscrito en una hoja de doble contabilidad: doble por cuanto ha de desdoblarse en contabilidad de los hombres y contabilidad de los dioses, en la que el sacrificio es asentado como *haber* o como *debe*, creadores ambos de *plusvalías* y *minusvalías*, que se extenderán a la vida misma que, así, dejará de ser tal *vida, tiempo consuntivo*, para pasar a ser *tiempo adquisitivo*: Historia Universal.

Será el *Persiles* una *figura*, un rostro, un simulacro de ese tiempo amenazador, cuyo mayor enemigo no es sino el tiempo feliz (tiempo que no podría nunca producir una novela, porque no es más que un montón de páginas vacías, si hemos de hacer caso a Hegel). Es el *Persiles* una imagen en marcha, una alegoría de ese afán *diferidor*, no sólo distinguidor, sino postponedor de toda felicidad. Será la última escritura de Cervantes, la terminada en literal *agonía*, los *trabajos* de Persiles y de Sigismunda (palabra esta, *trabajos*, que, frente a *esfuerzos, penas, fatigas, aventuras* y aun *calamidades*, es genuina, original y salvajemente económica). La figura de esta figura está ahí, completa, en el primer capítulo del propio *Persiles*, que, así, sería una miniatura de toda la novela.

2. El siglo XX, el que se terminó de abrir (y se está cerrando en grandioso círculo de futilidad) en Sarajevo, fue también alumbrado por el *principio de incertidumbre*, que Max Planck y otros postularon como corolario inevitable de la mecánica cuántica que ha servido de fundamento a la ciencia novísima. Hasta entonces, y en contraste con el hombre impredecible y todo voluntad, la Naturaleza parecía obediente, abarcable hasta el punto de que entre las llamadas ciencias (naturales y humanas) sólo las primeras admitían la antonomasia implícita en la singularización que da como resultado ese LA CIENCIA cuya sola mención, como voz de muezín, debía hacer temblar, descalzarse, bajar la cabeza, adorar, en suma (no tendrás otro dios que Alá).

Junto con lo que Freud significó para el *sujeto* y junto con lo que la bala que fulminó al Archiduque supuso para un planeta hasta entonces aún dividido, aún no *unificado*, el *principio de incertidumbre* daba al traste con el *objeto* de conocimiento. Pero esta misma mañana, hoy 11 de marzo de 1993, estando este libro bien avanzado ya en su gestación, encuentro en la prensa local (el *Daily Camera* del hermoso valle de Boulder, donde resido), en la página C-1, la siguiente información, firmada por Chris Roberts:

THE MYSTERY OF ANTIMATTER
WHY IS THERE SO LITTLE OF IT IN THE UNIVERSE?

Mother has a favorite. It's a family secret that rings true even in the subatomic underpinnings of mother nature's cosmos.

Earth, the human body, and all the galaxies in the universe appear to be made of matter. Antimatter is the black sheep of the universal family, shunned by some as-yet-undiscovered process that favors matter.

It is a mystery that Patricia Rankin, a particle physicist at the University of Colorado, hopes to solve within the next decade.

The domination of matter in the universe implies that the perfect balance once thought to exist in the basic natural forces . . . is a lie. The Ozzie and Harriet, ultimately equitable and fair "family" can't even be found in the scientifically objective world of particle physics.

Somewhere behind the scenes, is an inequity that conspires in favor of matter and turns a blind eye to the elegant symmetry that scientists once believed in . . . [El artículo sigue dando una serie de explicaciones de cómo puede haber un mecanismo que cause eso]

That would imply that there is a universality to the process . . . that would explain the immense favoritism shown for matter in the makeup of our universe.

En los últimos años, los científicos hablaban de "missing matter," lo que faltaba, en términos de materia, en términos meramente cuantitativos, pues. Ahora es muy posible que lo que falta sea la *antimateria*, es decir, ya no la falta de "más de lo mismo" sino la falta de *otra cosa*, de lo opuesto: de esa otredad absoluta que desde otros puntos de vista se ha dado en denominar *lo femenino*.[1] Si las sospechas de la profesora Rankin se confirman, la búsqueda de ese *femenino*, de esa mujer, cobra nuevas dimensiones cósmicas inesperadas, abriendo una rendija a la insoportable visión igualmente cósmica y primigenia de la inequidad, la injusticia, el antifeminismo / racismo / homofobia / xenofobia más profundo.

Sea como fuere, en lo que se refiere a esa conexión entre la antimateria y lo *otro como femenino* (bien se trate de que falta la materia *oscura* frente a la visible, bien de que falta la antimateria frente a la materia), aquello de lo que lo otro es *suplemento*, complemento y sustituto, es *uno de dos* que se suponen nacidos juntos, que son exactamente iguales. Falta el *doble*, el *coatl,* que decían los nahuas (*el cuate*): falta muy posiblemente "la mitad de mi alma." Tanto o más que la historia del *andrógino* es ésta la historia de los hermanos,

---

[1] Diana Wilson me recuerda, con perplejidad, que *lo femenino* se ha asociado, desde que el mundo es mundo, precisamente con *la materia*, y tiene razón, mas he aquí mi explicación del paradójico *impasse*: para Platón (o para Freud) no estaba disponible la noción de *antimateria* en el almacén de materiales para hacer metáforas. Ellos asignan a la mujer el miembro *inferior* o *distante* de los pares dialécticos que sí poseen (por ejemplo, materia/espíritu, virtud/debilidad, yo/otro). Al asignar a la mujer el miembro distante e inferior del par materia/antimateria, yo estoy haciendo exactamente lo mismo que siempre se ha hecho.

historia que, por serlo, es la de un fratricidio que siempre va a estar ahí, en potencia, como la flecha del bárbaro en la cara de Periandro. Esta historia de la materia y la antimateria (como *historia* la trato, y aun como *alegoría*, más que como "verdad científica") es, a nivel cósmico, la historia de Caín y Abel, de Rómulo y Remo, o de Esaú y Jacob, y, sin ir más lejos, es la historia de una madre que muestra un descarado favoritismo hacia uno de sus hijos, es decir, esa historia de la materia y de la antimateria se plantea en términos idénticos a los del *Persiles*. Es una historia de hermanos uterinos; más: hermanos verdaderamente gemelos, intercambiables como Periandro y Auristela/Persiles y Sigismunda, o, paralelamente, hermanos como Persiles y Magsimino.[2] Al lado del *andrógino* evidente en el *Persiles*, mito de *reunificación* y reconciliación, están los *gemelos*, mito de dispersión y conflicto. Por cierto, que esto da origen a un interesante cuadro en que cuatro estructuras básicas de la narrativa occidental se integran en paradigma: la estructura de la "pareja ideal" (el andrógino), la del fratricidio (los gemelos), la de "los dos amigos" y la de los enemigos (Montescos y Capuletos). El cuadro queda de la siguiente manera:

	MISMO ORIGEN	OTRO ORIGEN
IGUALES	gemelos	amigos
DISTINTOS	andrógino	enemigos

Notemos que de las cuatro estructuras, sólo el andrógino está abocado *ab ovo* a un final feliz (el por otra parte arquetípico "se casaron y vivieron felices"). De las otras tres, dos son típicamente historias donde triunfa la violencia (el fratricidio y el cuento de los dos amigos), y sólo la que parte de la enemistad inicial tiene una, digamos oportunidad al 50 % de terminar bien, con la reconciliación. Pareciera como si la narrativa pidiese que sólo partiendo de una diferencia inicial sea posible la reconciliación. La diferencia (sexual) se opone así al origen común (el útero). Una obra que, como el *Persiles* combina ambas cosas, obviamente no puede sino ser contradictoria desde su comienzo, y arrastrará ese carácter contradictorio hasta el mismísimo final, donde se verá, sí, el *happy ending* típico de

---

[2] "Entre les deux jumeaux tout est toujours égal: il y a conflit parce qu'il y a concours, concurrence, rivalité. Le conflit n'est pas la différence, mais son absence" (René Girard, "Les crimes des dieux" 132).

la reconciliación de opuestos, pero *simultáneamente* una enorme brecha entre uno y otro, una *différance* de la que no estará ausente ese útero sembrador de semillas de discordia, como verá quien lea.

Lo obvio es que, si bien estamos ante una historia sacrificial profundamente cristiana en cuanto a que es la espera en una redención a través de un sacrificio, también estamos ante una historia como la de Esaú y Jacob. Es esta la historia de la violencia grandiosa, ya que (tanto en la versión Esaú/Jacob como en la versión materia/antimateria del periódico de esta mañana) el principio ponedor-en-marcha de la Historia, el principio origen de toda identidad-individualidad, y por lo tanto de toda diferenciación, no sería tanto el a estas alturas ya débil y achacoso *principio de incertidumbre* ("que nada se sabe"), sino el mucho más destructivo *principio de inequidad*, aquel principio según el cual no hay cuadrado posible (porque las cosas –sean los *cuates*, o la partida doble del contable, o el par materia-antimateria– no *cuadran*), aquel principio cuya invencible omnipresencia destructora no puede ser mejor formulada que con las tremendas, escatológicas palabras pegadas a los parachoques en la Era Conservadora de Fin de Siglo, leídas mil veces en el absurdo antinirvana de un embotellamiento de tráfico: SHIT HAPPENS.[3]

No sólo sus motivos son inescrutables, sino que, además, invariablemente, tiene Dios la manía de preferir a uno de los hijos (aunque, como en el artículo del periódico, se le llame "mother" a través del sesgo eufemístico "mother nature"), hasta el punto de que para hacer dichoso al predilecto tenga que sacrificar a su hermano gemelo, o, peor aún, causar por acción o inacción[4] que sea uno de los hermanos el que sacrifique al otro, en el *shit happens* de la peor especie, el que Rafael Sánchez Ferlosio denominó *fatalidad sintética*.[5] Quien, en buena lógica, se violenta por esto, por constatar que "yo,

---

[3] Así lo dejo, y con las mismas mayúsculas con que lo he visto en esos parachoques, pese al consejo sabio de dos lectores. Así lo dejo, pues ninguna otra frase parecida, ningún eufemismo ni sinónimo aportaría la dosis de asco y de náusea que el rotundo letrero escatológico conlleva. Estoy hablando de algo mil veces más violento y más gratuito que una grosería, o incluso que una blasfemia.

[4] "On s'en remet aux dieux, mais les dieux eux-mêmes ne rendent aucune apparence de décision, une *décision* elle-même *indécidable* qui ne fait que nourrir la querelle et l'enflammer davantage" (René Girard, "Les crimes des dieux" 133).

[5] "Cuando la flecha está en el arco tiene que partir" 481. En Ferlosio se suma a una poderosa argumentación un tono desafiante y valeroso que trasciende la pesadez, y al que no soy inmune. De ciertas cosas no se puede hablar en formato MLA.

antimateria, soy tan buena como la materia, y sin embargo ésta recibe un trato preferencial," quien así se resiente cae en esa fatalidad sintética, se llama Caín, termina matando al otro. El principio de inequidad domina al mundo.

Frente a esta bofetada a cuanto sabio que en el mundo ha sido, no cabe más respuesta que el *shit happens* de la variedad militante, el que hace de la renuncia a buscarle sentido al dolor no una dejadez, sino un atrevimiento, una máxima y última osadía. No tengo aquí yo mejores palabras que las de Ferlosio, en su "Homilía del ratón," para esta introducción que no pensaba yo hacer, pero que tuve que componer ante la urgencia de las malísimas noticias científicas:

> ¡Pero yo os digo que no os entreguéis! Sino, por el contrario, a semejanza de aquel bravo e indómito doncel de *El triunfo de la muerte*, juntad, tensad, alzad todas las fuerzas de la desesperación y, contra toda posible esperanza de victoria, sacad la espada y resistid. Que el Criador que os ha concedido el albedrío con el único fin de daros movimiento, para poder solazarse, desde su prepotente omnipotencia, jugando con vosotros "como juega el gato maula con el mísero ratón," tenga siquiera que pagar su triunfo cierto todo lo caro que vuestras últimas fuerzas, extremas iras y postrer encono sepan dar de sí, demostrándole al menos, aunque haya de ser al fin a vuestra costa, que es mucho corazón, mucho ratón, más del que él puso, más del que él se esperaba, el que hay en ese ratón, el que hay en ese valeroso y esforzado corazón de ratón.
>
> Si no, ¿para qué espada?, ¿para qué albedrío?, ¿para qué haber llevado espada toda vuestra vida, como los hombres libres, como los caballeros, sino para darle brega y darle agitación, llegada la hora de desenvainar, y cuando quiera que tal hora suene, aunque sea vuestra propia hora postrera? (10)

No era otro el sentido de las palabras del propio Ferlosio que abrían mi libro: el de dar un resuelto no, como Cervantes dio, aun en su hora postrera, en que escribió el *Persiles*. Lejos de desvivirme para que el gran libro de contabilidad cuadre, me resistiré a participar en el juego de la cuadratura, aun a sabiendas de que es tan factible fracasar en ello como fracasar en su búsqueda, a lo Cervantes.

El orden en que se presentan los capítulos que siguen es el que consideré más lógico. Fueron, sin embargo, escritos con considerable simultaneidad, en paralelo. De ahí las muchas referencias a páginas anteriores y posteriores. En el primer capítulo amplifico la metáfora central del *Persiles* ("Están nuestras almas en continuo movimiento...") en busca de un esquema totalizador, y de las implicaciones de esa totalización (incluyendo el problema de la intencionalidad del texto). En el capítulo 2, comienzo una lectura detallada (*close reading*) del primer capítulo del *Persiles*, que es, en muchos modos, la actividad central de este libro. Los aspectos de ese capítulo (la dualidad nacimiento-parto) se complementan en el capítulo 3 con la que considero fórmula geométrica del libro ($n + 1$). En el capítulo 4 aporto mi grano de arena a la discusión del *Persiles* como alegoría, y en el 5, una vez establecida la cara intencional-totalitaria del *Persiles*, se efectúa el giro según el cual ese afán es y está condenado a ser siempre vano. Para ello, se hacen dos calas más en el *Persiles*, además del primer capítulo: se toma, en el centro de la novela, el episodio del caballo de Cratilo y el final del libro. El capítulo 6 se centra en la lectura detallada de ese final, especialmente del último párrafo, para llegar a una lectura "pesimista" del libro supuestamente más optimista de Cervantes. Dos apéndices aportan algunos datos sobre onomástica y numerología. Tras eso, tiene mucho más sentido esta a modo de introducción.

CAPÍTULO 1

CICLOS Y EPICICLOS
(COSMOS, INTENCIÓN, LENGUAJES TOTALITARIOS)

> C'est la violence fondatrice, pourtant, qui continue à tout gouverner, lointain soleil invisible autour duquel gravitent non seulement les planètes mais leurs satellites et les satellites des satellites
>
> (René Girard)

> ...están nuestras almas siempre en continuo movimiento, y no pueden parar ni sosegar sino en su centro, que es Dios, para quien fueron criadas...
>
> (Miguel de Cervantes)

> Liber scriptus proferetur in quo toto continetur unde mundus iudicetur
>
> (del *Dies Iræ*)

Hasta tal punto leemos y escribimos –escribimos y leemos– de forma diferente a nuestros abuelos, que llamamos *falacia intencional* a uno de los más básicos, axiomáticos, generadores de chistes, preceptos de la escritura clásica. Cervantes podía bromear empleando de antihéroe de sus chistes al famoso pintor Orbaneja, aquel que, preguntado acerca de qué estaba pintando, respondía "lo que saliere," y que, una vez terminada su obra y tras su deconstrucción, escribía "este es gallo" (*Quijote* II, 3). Versiones de este chiste llegan al siglo veinte, siendo la más famosa de ellas la que hace responder al Orbaneja de turno que lo que está pintando será "si sale con barba, san Antón, y, si no, la Purísima Concepción." Nuestra modernidad inicia el desplazamiento de este esquema de cosas con el permiso a todos los Orbanejas del mundo para que titulen en base a la deconstrucción y no a la construcción, y termina por dar la vuelta a tal esquema desprestigiando por completo al hipotético autor que, preguntado acerca de qué está haciendo, respondiera "una alegoría de la Primavera." Hoy día, el chiste cervantino sabe mal. Como mínimo, no tiene gracia, y, como máximo, sirve de ejemplo perfecto de cómo no proceder. El escritor-lector de nuestros días ha levantado un monumento a Orbaneja, hasta el punto de dar la vuelta por completo a los polos del conflicto. Ahora –es el mío un "ahora" no exento de añoranza, no limpio de resabios del Mito de la Edad Dorada– se trata –es el deber primordial de quien pinta– de negar al gallo que se pintó todo parecido no sólo con un gallo, sino con cualquier otra cosa a lo que un espectador diga que lo pintado se parece, es decir, se trata de levantar bandera de intransitividad, o, lo que es lo mismo, bandera de ateleología. Semiosis infinita rozará, en su ceguera frente al gallo, semiosis cero. Al poder ver todo no se puede ver nada. La estética de Orbaneja está implícitamente en el centro de la sonrisa de Umberto Eco en sus trabajos de los últimos años (por ejemplo, en *The Limits of Interpretation* y en *El péndulo de Foucault*), mientras que la estética que cuestiona a Orbaneja era la estética cuestionada de raíz por el otro Foucault, no el del péndulo, sino el gran pensador contemporáneo. Dice Michel Foucault de su propia obra en *The Archaeology of Knowledge*:

> In *The Order of Things*, the absence of methodological sign-posting may have given the impression that my analyses were being conducted in terms of cultural totality. It is mortifying that I was unable to avoid these dangers: I console myself with the thought that they were intrinsic to the enterprise itself, since, in order to carry out its task, it had first to free itself from these various methods and forms of history... (16-17)

Más adelante, en el mismo libro, defiende lo que hace como hecho "instead of playing endlessly with *allegory* and *tautology*" (206), en la más clara reivindicación de Orbaneja que pueda darse, pues ¿qué es la expresión "lo que saliere" sino el más absoluto desprecio a la alegoría, y qué es la frase "este es gallo" sino la más obvia de las tautologías? Si admitimos como coherente al pensamiento de Cervantes la enemiga a una estética orbanejiana (por más que esté modulada por un sentido del humor afín al de Umberto

Eco), hemos de llegar a la conclusión de que Cervantes es antifoucaultiano de raíz.

Acostumbrados nosotros a una estética más cercana a la del inmortal pintor Orbaneja que a la que requiere la previa disciplina de saber qué se va a mimetizar, para luego realizar tal mímesis con la perfección requerida por las normas a las que voluntariamente nos sometemos, nos resulta anacrónico un libro que se autoproclame "compuesto como debe ser," no porque estemos o no de acuerdo en qué cosa debe ser –de hecho, al hacer una reseña, y mientras existan las reseñas en el post-deconstruccionismo, proyectamos anacrónicamente el ser de cada libro ante su deber ser–, sino porque la mera premisa de "deber ser" aplicada a la ficción, nos parece a los académicos una de las peores cosas que se nos pueden ocurrir a la hora de denostar: *académica*.

Puede definirse ese *deber ser* como la aspiración a colmar los vericuetos de un discurso, o de un *episteme* en términos foucaultianos, y es vital en esa aspiración la idea de totalidad, que, siempre en la línea de pensamiento de Foucault, elimina (mal que pese a nuestro dolor) los "casis," las anarquías, las cosas a medias. Según el totalitarismo del discurso, no se es aristotélico sino cuando se sigue a Aristóteles en bloque, y no cuando se le toma una idea suelta. Ni se es marxista en idénticas condiciones, ni freudiano, ni feminista. No sólo no se adquiere carta de identidad en cada uno de esos modelos de pensamiento si se asumen a medias, sino que para los *auténticos* miembros del marxismo, aristotelismo, feminismo, etc., resulta *peor* ser marxista a medias, o pseudofeminista, o incluso neoaristotélico, que no ser marxista, feminista o aristotélico en absoluto. Para estos *auténticos*, no hay más *todo* de su discurso que el consumido en la operación –despilfarradora de energía– consistente en alimentar de sí misma esa "autenticidad." Al otro, a quien hace asunción parcial del discurso, se le califica de *dilettante*, pero también de chauvinista (y pienso sobre todo en el peculiar sentido que los norteamericanos dan a la palabra, que queda asociada, casi invariablemente, con "machista"), y hasta de fascista, habiendo así totalitarismos de orden superior que contra toda evidencia se encuentran y juzgan como idénticos a los totalitarismos de todos los días (a los de ir por casa, a los reducibles a meros epifenómenos), pese a los millones de muertos de todos los Treblinkas y todos los Gulags, a los empeños de diferenciación, a las singularidades, la convicción de la contradicción, o a la simple pereza, a la que nadie parece dar cabida en un mundo donde todo cabe.

Tal adscripción al Discurso, con mayúsculas, no es patrimonio de los llamados "conformistas" o académicos, ni requiere del conocimiento, sino tan sólo de la voluntad de adscripción en rasgos generales. Existen una razón dialéctica, una razón lingüística, una razón psicoanalítica, que son practicadas por hablantes que nunca han leído a Hegel, a Chomsky o a Lacan. Cuando este libro apenas comenzaba a existir, encontraba yo el ejemplo que precisaba para explicar esto. Leía yo las pruebas de imprenta de un libro,[1] y encontré una de esas instancias en que el editor "sabe más" que el autor. Se trataba de un trabajo sobre Severo Sarduy donde se hacía referencia a la teoría cosmológica del *big bang*, explicándola a grandes rasgos como la teoría según la cual el universo entero se hallaba en estado de expansión a partir de la explosión de un *quasar*. Aparentemente, eso no es exacto, ya que el original "universo" no expandido no era un *quasar*, sino una proto-partícula de tamaño infinitesimalmente pequeño, siendo los *quasars* producto y no origen de la explosión primigenia. Mas no me molesté en avisar al autor de su error, pues, en primer lugar, a lo que iba el artículo –y muy acertadamente, por cierto– era a demostrar la obsesión de Sarduy con la teoría del *big bang*, y no a explicar dicha teoría, y, en segundo lugar y principalmente, el hecho de que yo "supiera más" del *big bang* que el autor del artículo era simple azar, simple curiosidad mía de mirar PBS al ver televisión, y no fruto de ninguna superioridad por mi parte en lo que se refiere a ciencias físicas o cosmológicas.[2]

Tanto el autor del trabajo como Sarduy hablaban, pues, de cosmología. Demuestra el autor cómo Sarduy resemantiza los conceptos retóricos de elipsis e hipérbole de modo que se igualen a sus homónimos geométricos. He aquí el afán de totalidad de un autor tan poco sospechoso de ser *académico* o *totalitario* como Severo Sarduy.

La escrita a veces con mayúsculas Ciencia, y, a semejanza de ella, la también escrita con mayúsculas Historia, tienen una peculiarísima cualidad, y ello es esa categoría especial en el panteón semiótico, esa polivalencia que incluso las contradice, y que les hace ser soporte, apoyo, base inamovible de cuanto se dice. A la Historia le da su poder el proto-episteme básico de la idea del pasado: es axio-

---

[1] Me refiero al trabajo de Mary Ann Gosser citado en la bibliografía.
[2] Aunque estoy suscrito, como tantos otros *yuppie/baby-boomers*, a *Astronomy*.

mático que lo que pasó, pasó, y por lo tanto su existencia es segura. A la Ciencia, su voluntario cuestionamiento, su método mismo. Foucault, acuñando su término *arqueología*, lo dirige con igual resolución y simultáneamente a ocupar el espacio de ambas (y de otras, como la Filosofía, que comparten el mismo panteón –*Archaeology of Knowledge* 206). El mismo Foucault reconoce el estatus privilegiado de la Ciencia como *Locus* de todo poder, o del poder más totalitario.[3] De Ciencia e Historia hablaré en este capítulo, pues lo segundo que me interesa decir acerca de *Persiles y Sigismunda* (después de haber insinuado que es un libro compuesto, en oposición a Orbaneja, "como debe ser") es que es un libro que, como el de Sarduy, contiene el afán totalizador de la cosmología de forma tal que la frase más repetida del libro, el *leit motif* que aparece en estratégicos lugares del texto, es una metáfora cosmológica sobre el alma humana, que se realizará en el libro como una alegoría espacio-temporal. Espacial en su imagen, y temporal en la concepción de la misma imagen del cosmos como algo destinado a pararse, pero siempre moviéndose, es decir, algo así como la Historia con la mayúscula más hegeliana:

> Como están nuestras almas en continuo movimiento, y no pueden parar ni sosegar sino en su centro, que es Dios, para quien fueron criadas. (275)[4]

---

[3] Véase, por ejemplo, *Power/Knowledge* 84-85. Más contundente es, acaso, la idea de que todo discurso utópico tiene homologías con el *fascismo*, mas no tocaré esta idea aquí más que en esta nota, pues no quiero incurrir en terrorismo verbal, haciendo que la palabra maldita sea intercambiablemente aplicable a Cervantes, de Man, Marx o cualquiera de mis colegas (o a mí mismo) (véase Jameson, *The Political Unconscious* 291, y Jean-Pierre Faye, *Langages Totalitaires*).

[4] Es una frase *central* por estar en el mero centro del *Persiles*, porque el alcance de su sentido llega a los últimos rincones del libro, y porque se repite, con intencionadas variantes, en varios lugares a su vez estratégicos del libro, como, por ejemplo, "Nuestras almas, como tú bien sabes, y como aquí me han enseñado, siempre están en continuo movimiento y no pueden parar sino en Dios como en su centro" (458). (Véase cómo *lo que le han enseñado* a Auristela es exactamente lo que Cervantes ha *enseñado* al lector –en el sentido al menos cuatripartito de *enseñar* del que hablaré en el capítulo 4). Otra versión de la frase, por vía de muestra, podría ser "si no es parando en tí, que eres mi centro, no tendrá sosiego el alma mía" (422), dicho a Auristela en un desplazamiento de Dios por la amada –por lo demás muy girardiano– que nos recuerda al no menos flagrante desplazamiento del Calisto que decía "Yo, Melibeo soy y a Melibea adoro...". Sobre la división de opiniones (creo que no intencionada) acerca de dónde está el centro del *Persiles*, véase el capítulo 5.

Cervantes escribe esta central frase en plenos años de la controversia que llevó a Galileo a su *impasse* con Roma y a su famosa frase *eppur si muove* (tan en plenos años, que el anatema a Copérnico es precisamente de 1616, con lo que Cervantes muere, y el *Persiles* se compone, sin que la Iglesia se haya aún pronunciado oficialmente, y es, por lo tanto, libre de adoptar uno u otro sistema sin miedo a la Inquisición). Aferrándose a la ciencia de entonces, quiere que su libro sea el mejor jamás escrito, de la misma manera que todo dictador quiere crear la sociedad perfecta: controlando sus menores ángulos. Que lo consiga o no es otra cosa: es precisamente *la otra cosa*, la obligada excentricidad de lo pretendidamente centrado, lo que marca al *Persiles* como un enorme *fracaso*, en lo que estribaría su grandeza, como la del *Quijote* estribaba en haber fracasado rotundamente en sus pretensiones: en haber caído en la trampa tendida por el *Quijote* mismo, y en haberla asumido Cervantes con todas sus consecuencias (pienso aquí, como es obvio, en la tesis general de Bandera con respecto al *Quijote*, expuesta minuciosa y bellamente en *Mímesis conflictiva*). Acaso sea inevitable en el *Persiles* un *quantum* básico de indeterminación que hiciera a su autor sentirse tan mortificado como Foucault por la razón absolutamente opuesta. El lamento de Foucault viene casi inmediatamente después de estas palabras: "my aim is most decidedly ... to question teleologies and totalizations" (15-16). Si a Foucault le salen teleologías y totalizaciones *sin querer*, a Cervantes, que las quiere, no parecen salirle a plena satisfacción. Cervantes, en el *Persiles* es el Antifoucault, como Orbaneja era el Anticervantes.

Alrededor de 1600, como veremos, la Ciencia oscila entre Copérnico y Ptolomeo –todavía no Kepler–. Más tarde, la Ciencia hará a los escritores enciclopedistas.[5] Luego, vendrá el Naturalismo y su revisión una vez más global del Hombre (otra vez las mayúsculas). Por fin, Marx, Freud, Einstein, harán que los escritores sean "sociales," apelen al inconsciente, o lleguen a la conclusión de que todo es relativo. Acaso sea todo al revés, y resulte que hubo una teoría de la relatividad porque el Discurso hablaba ya de lo relativo, y hubo una *Interpretación de los sueños* porque el Discurso había ya borrado, por puro desencanto con la *realidad objetiva*, el axioma anterior bellamente expresado en el verso final de una décima famosa ("y los sueños, sueños son").

---

[5] Véase el interesantísimo ensayo de Barthes "Las láminas de la Enciclopedia."

Lo primero que debe llamar la atención en cuanto a la metáfora cervantina es su adecuación a *lo que debe ser*, es decir, su poca originalidad. Para un autor clásico, la metáfora debe tener la *propiedad* (en inglés *property*, pero también *propriety*) de no desmerecer del campo semántico de lo metaforizado.[6] En Cervantes observamos la más rigurosa adscripción a las normas del *decorum* al comparar el alma humana y Dios a un sistema solar, es decir, a un cosmos, pues nada hay más clásico que considerar al ser humano como un *microcosmos* (así se venía haciendo en Occidente desde muy antiguo). En esto, Cervantes halla una expresiva definición de alma humana con miles de ramificaciones (algunas se verán en este estudio) y con completa adecuación al tema y a la forma de tratarlo. De esta idea "orbital" del alma humana sale la idea general de peregrinación. *Peri-* es el prefijo de "periplo," "perímetro," "peregrino," "Persiles" y "Periandro" (en otro capítulo se tocará el tema de los nombres del *Persiles*). El mismo subtítulo del libro ("Historia Septentrional") toma nuevo sentido si consideramos el concepto de "Norte" en su sentido cosmológico (el punto fijo en la revolución anual del Orbe) del cual el uso marinero no es sino subproducto y alegoría.

Mas, al partir de la cosmología como base de la metáfora cervantina, hemos de ver el estado de la cuestión en tiempos de Cervantes. En España, en Salamanca, por ejemplo, se explicó a Copérnico durante mucho tiempo, en el siglo XVI, antes de que en Roma se tomaran medidas en contra de la llamada "revolución copernicana." En tiempos de Cervantes, la Iglesia defiende el modelo ptolemaico (la tierra es el centro del universo, y los planetas –el Sol, Mercurio, Venus, Marte, Júpiter y Saturno– giran en torno a ella). Frente a Ptolomeo está Copérnico, y su teoría heliocéntrica (el Sol es el centro). Una de las razones para el cambio copernicano estribaba en el hecho siguiente: los planetas, según las mejores observaciones, no se comportaban según el modelo, pues a veces exhibían un movimiento retrógrado: en vez de seguir su órbita se paraban y avanzaban hacia atrás durante algún tiempo, para luego reemprender su

---

[6] Es decir, que si quiero hacer una metáfora de la mujer amada, he de compararla con la rosa, el marfil, la gacela, pero nunca he de tener el atrevimiento o desfachatez, o falta de *decorum* de decir "eres hermosa como la piedra" (Vicente Aleixandre). Góngora es quien definitivamente romperá con este orden de cosas, y precisamente por eso es tachado de "hermafrodita" y de carecer de *decorum*.

camino previsto. El modelo copernicano explicaba mejor este movimiento retrógrado, mas no lo suficiente. De hecho, un modelo *ptolemaico modificado* correspondía mejor a las mediciones efectuadas por los astrónomos que un modelo copernicano sin modificar. Quienes piensan en simple cerrilería por parte de la Iglesia al condenar a los copernicanos, se equivocan. Para que el sistema copernicano se ajustara de verdad a la experiencia de los astrónomos, hubo que esperar a Kepler, y al descubrimiento de que las órbitas no son circulares, sino elípticas (véase de nuevo la adecuación de los estilos a la ciencia, o de la ciencia a los estilos, sólo con constatar que el Barroco, que prefiere la elipsis al círculo, tanto en artes plásticas como en figuras de pensamiento, es contemporáneo de Kepler). Asumiendo, como todo el mundo asumía, que la Órbita (con mayúsculas) es axiomáticamente circular, Copérnico no podía explicar satisfactoriamente el movimiento retrógrado de los planetas con la misma convicción con que sí lo hacía el sistema ptolemaico modificado, su gran competidor. Este sistema ptolemaico modificado consiste en añadir a cada órbita (ciclo) un *epiciclo*, que complica los movimientos, pero que deja las cosas como están, respeta escrupulosamente la circularidad orbital y explica –siquiera en parte– el movimiento retrógrado observable. Marte, por ejemplo, cuando parece "ir hacia atrás" en realidad está cumpliendo su giro epicíclico. El efecto es parecido al que se obtiene con el engranaje compuesto de dos ruedas, una grande y una pequeña: la rueda pequeña gira en dirección opuesta a la de la rueda grande, y precisamente para esa variación de sentido existen los engranajes. Este es el esquema de la órbita de un planeta con epiciclos:[7]

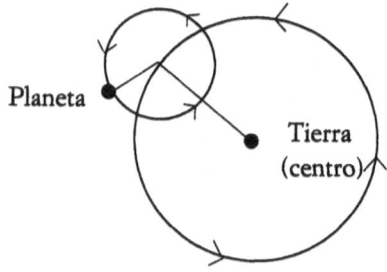

---

[7] Para una completa, a la par que relativamente breve visión del tema de las órbitas y la evolución del pensamiento moderno, consúltese la obra de Williams y Steffens, de donde he sacado datos y copiado (simplificándolas) las figuras.

El problema de más alcance aparejado a la adopción de uno u otro modelo cosmológico estriba en que nada en la tierra o en los cielos puede seguir igual si cambian las esferas, primera base de sustentación de toda epistemología. El mundo aristotélico se derrumba en su totalidad si se derrumba el modelo ptolemaico. Dada la integración (el *organon*) de todo saber, dado el orden de las cosas, si caen de su sitio las esferas aristotélicas, cae también la psicología, cae la poética, cae la retórica, a no ser que algo tan revolucionario como la mismísima teoría de Copérnico ocurra: que se separe el mundo de la poesía del mundo de la ciencia. Forcione es claro en esto: "Cervantes saw a major adversary in those who would inhibit the fantasy with notions derived from science" (*Cervantes, Aristotle and the "Persiles"* 143, nota 21). Ahora bien, ¿cómo explicar entonces la cientificidad pura, aparente, de la imagen cervantina? Aquí, además de ser claro cómo la ciencia no inhibe, sino que fecunda, ha de distinguirse entre *ciencia* y *verdad*. La ciencia acaso pueda desgajarse del sistema aristotélico sin que la última verdad de tal sistema, que siempre incorporará la poesía, se resienta. Acaso (y esto convertiría al *Persiles* en un supremo, tardío, postrero y agónico ejercicio de *wishful thinking*) puede trascenderse a Galileo: si el italiano descubre, por los mismos años, de 1609 en adelante, [8] que el su-

---

[8] Hasta 1616, Galileo aporta estas observaciones a la controversia todavía no "zanjada" por la Iglesia, que ese año condena a Copérnico. No es sino hasta 1632-1633 cuando el propio Galileo es obligado a su famosa recantación. Cervantes elabora el *Persiles* sin el peso de losa del anatema eclesiástico. Siendo buen católico, como lo era, y como lo indican "profesiones de fe" que a menudo escribe, incluso al final del *Persiles* ("credo" de Auristela), su aproximación al tema hubiera sido mucho más mediatizada de haber estado vigente el anatema durante los años de composición del *Persiles*. Es posible que la inmediatez (o inminencia) de la condena eclesiástica aún tocara a Cervantes en ese lecho de muerte, acaso tarde ya para revisar el *Persiles* en busca de herejías, acaso seguro de no haber cometido ninguna –de haber llegado a una conclusión ortodoxa no por prohibición sino por convicción–, pero no tan tarde como para escribir "por si acaso" una profesión de fe católica que, en estas circunstancias, adquiriría un insospechado giro al ir a defender, no ya su alma de los infiernos, sino su libro de la hoguera. Para determinar esto, habría que saber, no ya las fechas exactas de escritura de esas "profesiones de fe" y de publicación del anatema, sino la ininvestigable fecha en que Cervantes se entera del anatema (caso de que fuera el anatema anterior al texto cervantino) o en que Cervantes se entera de la inminencia del mismo (caso de que fuera su texto anterior al anatema). A este respecto, recuérdese que en los años anteriores a 1616, Diego de Zúñiga escribe en España tesis favorables al heliocentrismo copernicano, y que Salamanca fue la única verdadera universidad de Europa que enseñó las ideas de Copérnico. 1616 es el año de la condenación del libro de Copérnico y del de Zúñiga, como fue el año de esa otra casualidad de las muertes de Shakespeare y

puesto mundo supralunar está sujeto a las mismas leyes de imperfección que el mundo sublunar (Júpiter tiene satélites; Venus, fases, y el sol de la antonomasia "limpio como el sol," tiene manchas), no por eso se invalida la idea de una esfera superior cualitativamente distinta, perfecta. Basta con trascender toda materia y aplicar las viejas esferas y las viejas antonomasias, y las viejas inmovilidades (como la de ese Norte celeste de que depende toda sensación de orden) a otra dimensión, accesible sólo con el espíritu, sólo *en* el espíritu. Ese *cosmos* todavía ordenado, todavía perfecto, todavía aristotélico, es, pues, el significado último de todos los demás cosmos imperfectos, materiales, carnales, microcosmos, *semeia*, a la postre, de este primero, que, ahora sí, acaso por vez primera, se haya despojado de todo lo que no sea Dios como centro, almas como planetas. Todo, hasta las órbitas mismas de los planetas (regulares o irregulares, con fases o sin ellas, circulares o epicíclicas) es ahora alegoría, acaso anagogía, de esta última verdad. Es más: todo discurso se hace instantánea, necesariamente alegórico, pues para hablar de "aquello" tiene que usar "esto," es decir, el sublunar conocimiento humano, la sublunar palabra.

Por eso, Cervantes no se pronuncia por un sistema heliocéntrico o geocéntrico. En su metáfora alude a "continuo movimiento" y "centro," es decir, a los dos elementos que tienen en común los sistemas rivales. Hábilmente extrapola un cosmos a la metaforizada alma humana, en el que sí pone nombres: el alma y Dios. Dios en el centro; el alma en órbita. Ningún teólogo va a repudiar la metáfora. Sol o tierra en órbita se deja deliberadamente ambiguo. Puede leerse el nombre "Periandro" como un compuesto que contiene la partícula *peri-* ("alrededor de"), con "Auristela" ("estrella de oro," es decir, el Sol) en papel de "centro" de Periandro o de ser que gira alrededor de Periandro, que gira a su vez, es decir, Auristela como epiciclo.

Pero lo más interesante es que el modelo de ciclos y epiciclos le es útil a Cervantes para construir la totalidad de su novela.[9] Ya ha

---

Cervantes. Yo, como es evidente, no me he puesto a investigar a fondo esta espinosa cuestión de fechas, pero acaso no sea baladí el esfuerzo. Debe empezarse consultando el libro de López Piñero.

[9] No deja de ser fascinante, además, que el epiciclo, inventado para explicar o describir el movimiento retrógrado de los planetas, le venga como anillo al dedo a Cervantes ("como de molde" igual que tantas otras cosas en el texto cervantino), si es generalizable el principio de lo retrógrado, en el sentido de que su prosa adolece

sido señalado el carácter cíclico de *Persiles y Sigismunda*. Quiero yo aquí señalar su carácter de ciclo con epiciclos, pues tales son esos episodios que acaban en un punto cero, en una "vuelta a recomenzar": ciclos cerrados que, sin embargo, hacen avanzar a la novela. Y no sólo es conveniente el universo epicíclico para la historia, sino también para la diégesis. Al volver atrás, comenzar "in medias res," narrar dentro de la narración, se textualiza un modelo de ciclos dentro de ciclos, lleno de movimientos retrógrados, exactamente igual al que exhibe un planeta, y que explica el esquema del ciclo y el epiciclo.

La metáfora aludida, en su sutileza, propone una solución novelística a la dicotomía Ptolomeo-Copérnico que trasciende su "cientificidad" en favor de una verdad última más total que el cosmos planetario. No sólo la poesía no ha de ser inhibida por la ciencia, sino que ésta acaso sea inhibida en sus pretensiones por la poesía. Al trasladar el Cosmos al microcosmos, se opera una apertura de significados múltiples, pues ese movimiento del alma que sigue al del cosmos, es a su vez metaforizado en peripecias concretas (es decir, movimiento del cuerpo) mediante una diégesis (movimiento del signo). A todos esos niveles funciona el modelo cósmico, dando así lugar a un espesor de significados que, como se verá en otro capítulo, corresponde al esquema de otra totalidad: la de la *analogía* o sistema clásico de interpretación, con sus niveles literal, alegórico, moral y anagógico. En este sistema, uno de los modos opera como base, de igual manera que hay una línea general de órbita en un planeta, siendo los otros *epi-*, es decir, dependientes del primero. Hay una matemática de esto, que veremos en otro capítulo.

Me concentraré en este estudio en un epiciclo concreto: el primer capítulo del *Persiles*. En esto es este libro complementario de los demás: dialoga con ellos: tercia en diálogos ya emprendidos para, a veces dar, a veces quitar la razón a los dialogantes. Frente, o junto a los que leen parcialmente el todo, yo leeré totalmente la parte. Dada la voluminosa extensión del *Persiles*, parecería indicado lo primero, que es lo que casi siempre se ha hecho hasta ahora.[10] Yo

---

de las mismas querencias que estos planetas que a veces van para atrás. Esta rendija hacia un mundo fascinante la han abierto Luis Andrés Murillo, Kenneth Allen y, sobre todo, Daniel Eisenberg, al hallar cierto patrón regresivo (epicíclico, pues) en el uso cervantino del tiempo.

[10] Exceptúo los trabajos de Eduardo González sobre la Isla Bárbara, que adoptan un criterio de selección parecido al mío, si bien González toma el "episodio,"

creo, sin embargo, que al menos la lectura total, detallada, de un capítulo, o de capítulos clave por su colocación (primero, medio, último) debe emprenderse para verificar si el microtexto corrobora o no al macrotexto. Tan cierto como que los árboles no dejan ver el bosque es el hecho de que el bosque no deja ver los árboles. Creo que este método mío, si usa, por así decirlo, un lente miope, corrige el efecto causado por la otra lectura, que habría usado un lente hipermétrope. Como ejemplo de esa hipermetropía pondré la ya clásica polémica entre críticos de primer orden que, según mi modo de ver, tenían simultáneamente razón. Me refiero al ya antiguo intercambio de escritos suscitado a raíz del comentario que Ruth El Saffar hizo al libro *Mímesis conflictiva* (véase el número 1 de la revista *Cervantes*). Una de las cosas en que ambos tienen razón es en reprocharse mutuamente una lectura parcial. Si Bandera amplifica, por cuanto muestra su tesis en toda su plenitud, el episodio de Dorotea, El Saffar amplifica igualmente el episodio de Zoraida, por idénticas aunque opuestas razones. El problema es que ni Bandera puede explicar del todo a Zoraida, ni El Saffar puede quitarse de encima el problema de Dorotea. Descubrir al aliado no es eliminar al enemigo. Zoraida y Dorotea están condenadas a una copresencia eterna en el texto,[11] la una como encarnación del eterno objeto del

---

que se extiende a lo largo de varios capítulos, como una unidad –y lo es: es otro epiciclo, del que el primer capítulo sería más bien una "epicicleta"–. Mas yo prefiero acudir al grano todavía más fino, casi del "palabra por palabra," por una parte, y, por otra, quiero asumir en el corte entre capítulo y capítulo una frontera natural, colocada *de industria*, no más que por el hábito, al leer el *Quijote*, de preguntarme por qué demonios se cortan así los capítulos, para después, al releer, darme cuenta de que pocas cosas llevan la *intención* de la división en capítulos del *Quijote*. Asumo *a priori* lo mismo para el *Persiles*, y por eso me detengo ante la luz roja del fin de capítulo, independientemente de que los demás pasen al no ver venir a nadie por la transversal.

[11] Aquí, una de las soluciones de la Crítica, con mayúsculas, es la de expulsar del texto a uno de los subtextos conflictivos, es decir, de declararlo *apócrifo*. Se ha hecho con la Biblia, por ejemplo, suprimiendo el *Cantar de los Cantares*; lo hace en gran medida la Iglesia Católica tradicional al, no suprimir, pero sí minimizar, el Antiguo Testamento en favor del Nuevo . . . y, por supuesto, lo hace Cide Hamete Benengeli, como nos hace constar el morisco que lo tradujo por "dos arrobas de pasas." No va muy desviado de todo esto el *reflejo* de los críticos al expulsar del *Quijote*, y aun de todo Cervantes, las "historias intercaladas." En este sentido, debemos estar sumamente agradecidos a críticos que, ante la tentación de expulsar a este o aquel texto de Cervantes por pura comodidad, no solamente no lo han hecho, sino que, precisamente, han subrayado la necesidad de que *nada* sea expurgado de las novelas cervantinas. Estoy, claro está, dándoles las gracias, entre a otros muchos, a Bandera y El Saffar.

deseo mimético y, por lo tanto, de la gratuidad y necesidad de la violencia, y la otra como figura, rostro mismo de un cuarto término recuperado en una reestructuración de la armonía cósmica. Acaso mi lectura total de la parte, que se opondría a estas lecturas parciales del todo, ahonde en el abismo, acaso lo cierre. Acaso sea aconsejable leer con igual detalle el capítulo segundo, y el tercero, y el cuarto, como, de hecho, con o sin plan preconcebido, se ha leído el *Quijote*. Pero eso es exactamente lo que estoy proponiendo: que se empiece a leer el *Persiles* palabra por palabra, que otros tantos libros como el presente se ocupen de otros tantos capítulos o fragmentos.

Sea como fuere, creo que la controversia a la que aludí es vital, y creo que no ha concluido. Aquí, a mi más pequeño campo de batalla del primer capítulo, la traigo. Saldré de él sólo por cuanto todo comienzo lleva implícita la idea de un final: por cuanto toda teleología obtiene o no en el *fin* lo que se propuso en el *principio*. De principio y de fin, iré al *centro*, por el hecho de ser centro, para ver qué se encuentra en tan estratégico lugar. Y eso es todo. Como los astronautas que exploraron la luna, no puedo descender a todas partes, sino que, a priori, debo presuponer en qué sitios encontraré los diferentes tipos de roca. Si ya he visitado un *mar*, lo lógico es no repetir visita a otro, sino ir a una montaña, o al fondo de un cráter. Yo he escogido el capítulo primero como punto de partida, que me llevará a otros sitios (a pocos más).

Lo he escogido, además de por ser el primero, y por tanto *único*, por su claridad, acabamiento, y porque sólo en él se ve un rasgo esencial de la novela bizantina, como es el comienzo *in medias res*, con todo lo que esto supone en un texto cíclico-epicíclico. Es fácil ver, de un simple vistazo, otros ciclos (epiciclos dentro del gran diseño) acabados, como son los de los episodios siguientes y sus historias de amor. Es incluso atractiva la idea de que cada una de esas historias proyectan la órbita de un planeta clásico (Marte o Venus, amor o violencia), pero me atendré al primer capítulo. Dejo al lector la extrapolación minuciosa al libro entero de los resultados de este análisis, y dejo asimismo sin prueba basada en la totalidad lo que quiero que sea mi tesis: que el *Persiles* es un libro *tanto más fracasado en lo que pretende cuanto más estructurado* según esquemas *a priori* que resultan ser los ofrecidos por el discurso epistemológico más completo de su época, es decir, que, a riesgo de caer en la *falacia intencional* del modo más grave, pienso que el *Persiles* es todo intención, todo proyecto, que atenta contra nosotros precisamente en lo más sagrado de nuestra estética (que es –perdóneseme la leve sonrisa– la exaltación de Orbaneja), y que fracasa en su intención/atentado al estallarle en las manos a Cervantes el inestable plutonio del lenguaje.

Estéticamente no existe alegoría a no ser que se incluya en la lectura del producto la intención, es decir, la interconexión necesaria entre alegorizante y alegorizado. Sin lo intencional, la *alegoría de la Primavera* de Botticelli, por ejemplo, no puede nunca representar sino una serie de figuras en determinadas actitudes. Su carácter de significante de un significado (*alegorizante* de lo *alegorizado*) se pierde. Siendo el *Persiles* una inmensa alegoría, cualquier cosa que demuestre ser además de eso corre el riesgo de ser producto no de miopía, sino de hipermetropía crítica. No es el *Persiles* una aventura, sino un trabajo, un inmenso trabajo de dotar de significante a un significado. En este aspecto, su totalidad a nivel de autoría implícita es en sí un signo cuyo significante es el libro, y su significado, el esfuerzo de su autor en hacerlo. Los *trabajos* de Persiles y Sigismunda son significante de los *trabajos* de Miguel de Cervantes. Destacados colegas y especialistas no hacen sino convencerme de que esto es así. En conferencias, artículos y libros suyos, y hasta en conversaciones informales, se han ocupado recientemente de aspectos del *Persiles* que de un modo u otro tienen que ver con la adopción por parte de Cervantes de un esquema totalizante explicador de algún segmento de la realidad. Ruth El Saffar, por ejemplo, insistía en una peculiar, tozuda y luminosa matemática del número cuatro en la arquitectura del libro cervantino,[12] arquitectura basada, a su vez, aunque con grandes diferencias, en la que ya Casalduero había propuesto;[13] Diana de Armas Wilson explica el carácter alegórico del libro admirablemente,[14] como lo explicó también Avalle-Arce, ya de antiguo y más recientemente.[15] Fred de Armas descubriría en su ponencia de la convención anual de la MLA de 1990 otros esquemas semióticos que se siguen en el *Persiles* al pie de la letra,[16] y ya

---

[12] En *Beyond Fiction*. Más adelante me referiré a un comentario de ella que me dio mucho que pensar, cuando me dijo en privado "ahora veo cincos por todas partes."
[13] En *Sentido y forma*, sobre todo en el capítulo III.
[14] *Allegories of Love*.
[15] En "*Persiles* and Allegory."
[16] "Banquet of the Senses."

hace tiempo Alban Forcione había proyectado el complejo discurso de la Contrarreforma *dialécticamente* en la lectura del *Persiles*.[17] Lo que concluyo de esto es una evidentísima intención que casi devora a cuanto no sea intencional, es decir, una decidida voluntad de no ser Orbaneja, de ni siquiera ser el Cervantes que deja sueltas las riendas del *Quijote* casi de la misma manera en que Don Quijote suelta las riendas a Rocinante "no llevando otro camino que el que su caballo gustase."[18] Encuentro en la cerrazón hermética del primer capítulo del *Persiles* un buen argumento para extrapolar a la totalidad del libro. Hallo en la perfecta estructuración de ese capítulo el modelo epicíclico del más amplio ciclo que la novela es. El plano del acto de narrar me invade el plano de la cosa narrada insistentemente, machaconamente, como una distrayente toalla que se le presenta a un jugador de baloncesto para evitar que convierta en puntos sus tiros libres. El otro título de este libro podría haber sido *Los trabajos de Miguel de Cervantes*.

De la ubicuidad del concepto de trabajo me ocuparé en otro capítulo. Acabaré el presente con una nota acerca de la otra cara del título del libro, ese "Historia septentrional." Cada palabra del título entero está tan bien pensada, tan integrada, que el título del *Persiles* (*Los trabajos de Persiles y Sigismunda. Historia septentrional*) podría ser el caso más paradigmático de una teoría de los títulos según la cual el título constituye la lectura más sintética posible que el autor hace de su propia obra. La dualidad Persiles/Sigismunda como complemento nominal, no núcleo del sintagma; la calidad de núcleo del sintagma en "trabajos," y el complemento de este mundo trabajoso y dual con las ideas claves de *historia* y *septentrional*, brindan en dos platos esa calidad de mecánica celeste simultánea con alegoría de la vida humana (consistente en *trabajos*) que hace del *Persiles* un ambiciosísimo proyecto totalizante del que tan orgulloso estaba su autor. La idea de *historia*, como ya sabemos tras los trabajos de Riley, Forcione y tantos otros, no puede ser entendida sin su pareja paradigmática (*poesía*) en Cervantes. Al sopesar el *Persiles* desde esta dicotomía, encontramos que, de todas las obras de Cervantes, es la única que desde el mismo título incorpora la idea de *historia*. Teniendo en cuenta que *historia* tiene una relación mimética con las cosas basada en un explosivo *como son*, frente a un igualmente ex-

---

[17] *Cervantes' Christian Romance*.
[18] Véase mi estudio "Trabajo y aventura: el criterio del caballo."

plosivo *como debieran ser* propio de la *poesía*, tenemos que el *Persiles*, a despecho de su fantasía, de su llamado poco realismo, de su romancidad reconocida hasta por quienes no lo llamamos *romance*,[19] presenta, más que obra alguna de Cervantes, una mímesis de la realidad *como es*. De cómo puede ser esto me ocuparé en el capítulo dedicado a la idea de alegoría, como del otro componente del subtítulo, la palabra *septentrional*, me ocuparé en "Geometría y geografía." Diré algo ahora, sin embargo, en el capítulo dedicado a la cosmología pretextual del *Persiles*. Pues *norte* es, cosmológicamente hablando, tanto para ptolomistas como para copernicanos, y tanto para una tierra redonda como para una tierra plana, el punto fijo en el movimiento de la bóveda celeste, el punto que no se mueve, y alrededor del cual gira todo el universo. Es, pues, axialmente, *centro*, el mismísimo centro del famoso leitmotif "nuestras almas están en continuo movimiento y no pueden parar sino en Dios como en su centro." Esta idea pone en contacto una *geografía* con una *cosmología* del *Persiles*, que, como se verá, tienen que ver con una especialísima *geometría* (véanse los capítulos 3 y 4). La traigo aquí a colación para poner lo que de *central* tiene un título en relación con las pretensiones totalitarias, con la más comprensiva cosmología del *Persiles*. En efecto, a nivel alegorizante, los personajes van de un norte al centro que es Roma. A nivel alegorizado, buscan ese Norte. Roma, que está al sur, resulta ser vicario del Norte metafísico, y la misma estructura bizantina, con sus naufragios, etc., refuerza la idea, ya que el Norte es el único guía seguro del marinero. Cuando Periandro se refiere directa u oblicuamente a Auristela como "mi norte," establece la misma clase de busca metafísica: la

---

[19] Para Forcione y muchos otros, es indudablemente *romance* (aunque en tal *romance* admite Forcione "oddly enough . . . a process which we could describe as the birth struggle of the modern novel" (*Cervantes, Aristotle, and the "Persiles"* 344). Para Ruth El Saffar también lo es, aunque cualitativamente distinto del *romance* tradicional. Para Diana de Armas Wilson, existe un juego de cajas chinas contenedoras de *romance* dentro de novela dentro de *romance* dentro de novela. Yo he llamado al *Persiles* "neo-*romance*," en un intento de compromiso de mi tradición española que no conoce la palabra (que habla de "novela pastoril," "novela de caballerías," "novela sentimental," etc.) con la anglosajona que sí la conoce y que, después de Frye, eleva la distinción a algo mucho más trascendente que las meras formas. Lo sigo, empero, llamando *novela*, en lo que de *histórico* y no solamente formal tiene el término, es decir, en cuanto a que el *Persiles* cae del lado de acá de la fecha fundadora de la novela moderna (simbólicamente, por supuesto). (Véase Frye 401 y ss.). Una sugerente salida del *impasse* entre las tradiciones española y anglosajona en lo referente a la palabra "romance" la da Eisenberg en "El romance visto por Cervantes."

del Otro inasible y, como el Norte, como el Centro, situado en un más allá permanente cuya única accesibilidad la da el paro total del sistema, es decir, la muerte. El *Persiles* es *Historia septentrional* en el sentido de que es centralmente una historia sobre la búsqueda del Norte. La figura de *norte* está escogida por Cervantes del mismo discurso que la de *centro*, es decir, del discurso más totalizante posible, el discurso cosmológico, para, desde el título mismo del libro, lanzar la máxima arrogancia sobre su pretensión, esa misma arrogancia que le había hecho anunciarlo a bombo y platillo en sus otras publicaciones.

Que Cervantes concibiera un libro en términos tan absolutos, tan totalitarios, tan cósmicos, le lleva a tener miedo de sí mismo, y de ahí su miedo a que salga "con las manos en la cabeza," pero de ahí también el uso de la palabra "extremo" junto a "bondad" cuando decide ser optimista al respecto. En efecto: no caben los medios en la apreciación del *Persiles*. Cervantes asume las posibilidades que la teoría le ha concedido de, literalmente, hacer un mundo a semejanza (*semeion*) del mundo. Si el Pinciano cristianiza a Aristóteles en su discusión del *anagnorismos* (reconocimiento) de manera tal que las tres potencias del alma quedan involucradas en la discusión (Forcione, *Cervantes, Aristotle* 73), Cervantes va a dar al *anagnorismos* la máxima importancia, no sólo en el *Persiles*, sino en toda su novelística, hasta el punto de que la escena que hila de alguna manera todos los hilos sueltos de la primera parte del *Quijote* es el múltiple y sobrecargado *anagnorismos* de los personajes de varias narraciones intercaladas, en el irónicamente aristotélico marco de la venta de Juan Palomeque. Si nada nuevo es el supeditar la ciencia de la psicología a las necesidades del actor, como hace el Pinciano al recomendar al actor que estudie el alma del rey para poder hacer de rey, ello es porque en el Renacimiento lo verdaderamente revolucionario sería la supeditación de la poesía a las observaciones planetarias de un Galileo. Puede (y hasta debe) el poeta "exhibir la universalidad de su saber" (Forcione, *Cervantes, Aristotle* 97-98). En su arquitectura novelística, Cervantes demuestra su saber cosmológico, teológico, geográfico, geométrico. El paralelo entre el poema y el cosmos, así como el de poeta con Dios –o demiurgo–, del trabajo como creación y la creación como trabajo (Forcione, *Cervantes, Aristotle* 118-19), llevan este totalitarismo cervantino al máximo.

Si el *Quijote* era pura esquivez, puro refugio en la ironía, para *no decir*, y para demostrar la otra cara de lo que se dice, es decir, si el *Quijote* es pura negatividad, el *Persiles* quiere ser la positividad necesaria para escapar a un nihilismo que, siendo tan poco cervantino como el dogma, se adivina como inevitable. Si en el *Quijote*, Cide Hamete, en su papel del archinarrador (algo hemos dicho en otra parte de la negatividad que su mismísimo nombre indica) adopta una posición de negación (Forcione 165), el *Persiles* ejecuta lo que como posibilidad se apuntaba en el propio *Quijote*, y que Forcione cita y hasta subraya ("No por lo que escribe, sino por lo que ha dejado de escribir"; "... y pues *se contiene y cierra en los estrechos límites de la narración, teniendo habilidad, suficiencia y entendimiento para tratar del universo todo* ..." –*Quijote* II, 849, citado por Forcione 165). ¿Qué forma tiene ese universo? ¿Qué metáfora espacial, extensible a una alegoría, lo dota de la *figura*, del rostro exacto y adecuado? ¿Es la cadena, de la gran tradición hermética y de la *gran cadena del ser*? ¿Es, frente y junto a esa *cadena*, la *fuga*? Así ha quedado –y para bien– impreso en el muy definitorio y muy influyente medio de la *Historia y Crítica de la literatura española*, gracias a los estudios de Stegmann y Forcione.[20] Ahora bien, si en su fundamental estudio se adopta la *fuga* como metáfora más adecuada que la *cadena* (aunque no espacial, sino sonora, y, por lo tanto, en el tiempo), pero no se abandona ésta, yo propongo añadir, sin abandonar las anteriores, la metáfora cósmica del centro y las órbitas, sea en su modelo copernicano, sea en el ptolemaico, o sea, más bien, en el que he denominado "ptolemaico modificado," es decir, aquel que incluye los ciclos y los epiciclos de un complejo engranaje y un amanerado baile. Mi metáfora, como las de la cadena y la fuga, tiene presencia espacio-temporal, y tiene la ventaja de explícitamente incorporar una antinomia fundamental: la de centro/no centro, que tanto la fuga como la cadena no incorporan. Ese centro, que, como veremos, se identifica con y al mismo tiempo se opone al *norte* de una historia que se titula *septentrional*, está en el corazón mismo (en el centro) de la metáfora que el mismo Cervantes nos proporciona, y eleva, además, todo origen de toda proyección al mismo Dios, un Dios ausente, un Dios que es la ausencia de todo movimiento: un Dios que es cero (in)alcanzable. En esta, mi "cos-

---

[20] Forcione ya había expresado esta imagen de la *fuga* como competidora y complementaria de la *cadena* (expuesta por Avalle-Arce en el prólogo de su edición del *Persiles*) en *Cervantes' Christian Romance*. Si me refiero al artículo de la *Historia y Crítica* es por cuanto el alcance de esta obra hace que no sean sólo los especialistas en el *Persiles*, sino todos los aficionados al hispanismo, los que hereden esta imagen, que, así, es ya canónica.

mología" del *Persiles*, adopto la figura más total de todas (la del mismo cosmos) como metáfora del que considero discurso más totalizante jamás intentado. Si flirteo con la llamada "falacia intencional" en mi aproximación, es porque el texto exuda intención, al texto le sobra intención, el texto no es más que intención, y la *intención* no es sino el término diferenciador clásico entre *lo que se dice* y *lo que se quiere decir*, o sea, el término clave tanto de *alegoría* como de *ironía*, dos ideas esenciales en el estudio del *Persiles*, como se verá. Esta intención puede ser tomada como simple apego a la *falacia intencional*, o puede tomarse como una construcción del texto, como una *dispositio* de determinadas características que se opondría a otra *dispositio* de características opuestas. Características del *texto intencional* (no ya de la "intención del autor") serían, por ejemplo, simetría frente a no simetría; construcciones en anáfora frente a prosa no anafórica (piénsese en el extremo de este *texto intencional* en, por ejemplo, la neurótica prosa de un Antonio de Guevara); en economía de signos frente a derroche; en control mutuo frente a polisemia automática o libre, etc. Asumo, pues, una posición frente a la intencionalidad que, asumiendo el principio básico de la textualidad (qué quería Miguel de Cervantes, realmente no lo sé, ni me importa demasiado: siempre que use "Cervantes" me refiero a una abstracción hecha por mi propio discurso), acepta, en cambio, que el texto mismo *insiste* en algo, *subraya* algo, *suprime* algo. Si ese *algo*, a su vez, tiene una realización (sea paradigmática, textual o ideológica) fuera del texto en cuestión (por ejemplo, existe el paradigma de los 4 puntos cardinales, y existe *textualizado*, hasta el punto de que –en español, al menos– se enuncia unívocamente como "Norte, Sur, Este y Oeste," y no como "Sur, Oeste, Este, Norte") puedo decir que ese texto *intencionalmente* significa el otro, en su insistencia, o en su transformación, o en su supresión. Toda intertextualidad, desde este punto de vista, es intencional, o no es intertextualidad. Acaso pueda obtener una conmiseratoria sonrisa benévola ante este galimatías si a donde me dirijo precisamente es a proyectar una intención –o una obsesión–, que en el *Persiles* me parece obvia, contra un resultado: un "el hombre propone y Dios (el texto es Dios) *dispone* (de *dispositio*)." Los dos autores que más han influido en mi tratamiento de Cervantes –Bandera y El Saffar– asumen a un Cervantes lógico en sus resultados: Bandera lo ve atando casi literalmente, por cuanto el texto es *tejer*, *atar*, violencia a ficción, y consciente de la inevitabilidad de la violencia. El Saffar lo ve superando las puntiagudas aristas triangulares con reposadas losas finales (¿sepulcrales?) cuadradas. Si yo lo veo llegando a ambos finales simultáneamente, todo aquel que me quiera achacar que busco una intención en Cervantes ha de achacarme haber buscado, y acaso hallado, una intención imposible de tener: la de escribir, textualizar un violento reposo o una reposada violencia. No digo que no se pueda estar, que no *se tenga que estar* en tal reposo o en tal violencia. Digo que tal estado no puede alojarse en la intención de nadie. Nadie puede intentar un reposado apocalipsis.[21] Hablo, pues, de la intención del texto como enemiga en muchas maneras de la intención del autor.

Si, como decía Cesáreo Bandera en una frase que he hecho mía hace ya mucho tiempo, "el único tema del *Quijote* es el *Quijote* mismo" (*Mímesis conflictiva* 169), puede decirse, estableciendo la más total de las identidades entre ambas obras (el más total examen de ADN que demuestre de una vez por todas que son hermanas y hasta gemelas), que el único tema del *Persiles* es el *Persiles* mismo, por cuanto los trabajos de Persiles y Sigismunda no son sino los trabajos de Cervantes. Dice Forcione: "Indeed, if there is any actor or any action of the *Persiles* which is treated 'novelistically,' it is the personality of its creator and his trials in creating the work." (*Cervantes, Aristotle* 170). Mas, en cuanto a *intención del texto*, también van a ser estos los trabajos de *Los trabajos de Persiles y Sigismunda, historia septentrional*. Hasta qué punto esos trabajos van a adquirir categoría cósmica, total, y el concepto mismo de "trabajo" se va a unir a la naturaleza humana en una historia del todo, es lo que intento hacer aquí. Al lado de una "cosmología" del *Persiles*, ensayaré una "mecánica" del *Persiles* ("nuestras almas están en continuo movimiento") que comience con aproximar el alcance de la noción de "trabajo" (alcance que se seguirá apreciando más adelante con una "economía"). Algo habrá de una "geometría" del *Persiles*, de una "geografía" del *Persiles* y de una onomástica del *Persiles*. Para la mayoría de estas exploraciones, no necesitaré salirme del primer capítulo, tal es la tozudez del texto en querer significar. La mina entera, la que acaso me desmienta, está por descubrirse aún.

---

[21] Casi acabando este libro me llega *Co(s)mic Chaos: Exploring "Los Trabajos de Persiles y Sigismunda"* de Amy Williamsen, en el que la teoría del caos ilumina los entresijos del funcionamiento de tales reposados apocalipsis. Donde creo que discrepamos Williamsen y yo es en que para ella, ese triunfo del caos regulado constituye el triunfo del *Persiles*; para mí, su fracaso. A la inversa, donde Williamsen requiere de tal triunfo para "salvar" al *Persiles* (ella es de las que quieren salvarlo, yo no), yo traigo a colación el fracaso para salvar a la literatura.

CAPÍTULO 2

EL LABORIOSO NACIMIENTO DE PERIANDRO

> A la mujer le dijo: "Multiplicaré los trabajos de tus preñeces. Parirás con dolor los hijos y buscarás con ardor a tu marido, que te dominará." Al hombre le dijo: . . . Por ti será maldita la tierra; con trabajo comerás de ella todo el tiempo de tu vida . . . Con el sudor de tu rostro comerás el pan hasta que vuelvas a la tierra, pues de ella has sido tomado
>
> (Génesis: 2, 25, 16-19)

> La violencia en sí misma se revela de pronto creadora de valor; la partera de Marx resulta ser parturienta, la comadrona se nos hizo madre.
>
> (Rafael Sánchez Ferlosio)

En un estudio anterior, que refundiré en el capítulo 5,[1] me apoderaba yo del improbable episodio del caballo de Cratilo para ilustrar la transitividad trabajosa del texto del *Persiles* frente al aventurero quehacer del autor del *Quijote*, representado en ese transitar "por donde su caballo gustase" que le es propio a la doble obra maestra considerada punto de arranque de la novela moderna.

Es bastante obvio, y prácticamente la totalidad de los críticos lo señalan, que dentro de la gran alegoría de la totalidad del texto del *Persiles*, el comienzo, ese salir Periandro de la cueva, se lee como *nacimiento*. Ahora bien, si ese nacimiento no es sólo el nacimiento de Periandro, sino también, como es casi insultantemente obvio, el comienzo de la novela, un revoltoso demonio invade otro de los es-

---

[1] "Trabajo y aventura: el criterio del caballo."

pacios de unanimidad entre los críticos: la obviedad de que –ya sea a causa o a pesar de los tratadistas clásicos– la novela comienza *in medias res*, siguiendo el modelo heliodórico-bizantino. Si la novela comienza con nacimiento, ya no es tan claro ni tan simple que comience *in medias res*. De hecho, el gran competidor en prestigio del comienzo *in medias res*, es decir, el comienzo *ab ovo* es el que se sugiere. Sólo leyendo el discurso dado por el significante (por el *alegorizante*) podemos hablar de comienzo *in medias res*. Si se lee el significado (el *alegorizado*), tenemos el caso más paradigmático de comienzo *ab ovo*. Esta radical, violenta dialéctica, va a estar presente en todo el *Persiles*, puesto que si pecado hay, es pecado *original*: está en el origen mismo del texto, y, más exactamente, ya está en las primeras palabras ("Grandes voces . . ."). La novela comienza con "voces" como lo más opuesto posible a "palabra" (entendida, una vez más totalitariamente, como el *logos* en el sentido cristiano del problema que da origen a la tradición de los cuatro *sensi* de interpretación de la Escritura, a los que dedicaremos mucho espacio en este libro). No es Cervantes el primer autor ni el último que dé a *voces* este sentido. Lope de Vega, por ejemplo, usa este mismo paradigma en el fundamental monólogo de Laurencia en *Fuenteovejuna* cuando una "Laurencia desmelenada" (violada contra todo *logos* y desprovista por definición de "uso de la palabra") interrumpe la cívica *polis* de los hombres *vir*-tuosos para gritar que, si no puede "dar voto" (no tener voz ni voto) viene a "dar voces."[2] La *voz* como relacionada con *voces* pero opuesta a ellas: la voz como sinécdoque prístina de la humanidad, que dota de tal humanidad a quien la posee (negándola, pues, a quien no la posee), puede verse fuertemente en el *Persiles* en otros lugares. Por un lado, los lugares en que la voz –malvada– es callada con un flechazo en la boca –casos de Bradamiro y Clodio–, y por otra parte, en los lugares estratégicos del episodio de Feliciana de la Voz, y de la Auristela víctima del maleficio, a quien sólo se reconoce por la voz. Estoy, pues, en completo acuerdo con Diana Wilson, quien separa *voz* de *voces* clarísimamente en sus trabajos (véase *Allegories of Love* 51).

Voces se opone a *voz*, en cuanto a que *voz* es *logos*. En este *logos*, pues, al cual se opone "voces," en este "beautiful case of unlimited semiosis, there was a puzzling identification among the sender (the

---

[2] Véase mi estudio "Tener voz y dar voces en una audiencia: dos discursos procesales en *Fuenteovejuna*."

divine Logos), the signifying message (words, Logoi), the content (the divine message, Logos), the referent (Christ, the Logos) – a web of identities and differences, complicated by the fact that Christ, as Logos, insofar as he was the ensemble of all the divine archetypes, was fundamentally polysemous" (Eco, *The Limits of Interpretation* 11). Paralelo y frente a ese *logos*, está la multiplicidad demoniaca de las *voces* del bárbaro Corsicurbo, como paralelo y opuesto al existencial y violento *in medias res* está ese esencial, natural, blando *ab ovo* que lo contradice y lo complementa. La mejor novela (o la peor, como Cervantes temía) es acaso la que, monstruosamente, quiera huir de la elección entre *ab ovo* e *in medias res* (condenación del hombre, que debe escoger entre el bien y el mal desde que comió la fruta prohibida) haciéndose dios, o al menos demiurgo. Los dioses deberían poder comenzar *in medias res* y *ab ovo* simultáneamente. La incompatibilidad entre el arranque y el trayecto de la flecha son consecuencias necesarias de la temporalidad, de la vectorialidad, que acaso los dioses desconozcan en su presente eterno (véase la nota 8).

El segundo aspecto preocupante en el decidido arranque del *Persiles* radica en que, además de complicar el apacible esquema –el bello muestrario de la poética clásica–, el *nacimiento* de Periandro está presentado en tal detalle y desde tales ángulos, que de por sí constituye no un signo, sino un sintagma; no una metáfora, sino una alegoría. Una alegoría dentro de la gran alegoría que es todo el libro es un epiciclo del ciclo, que necesariamente invita la comparación entre círculo grande y círculo chico. Este epiciclo, el primer capítulo, se cierra. Si comienza con nacimiento, acaba con *naufragio* (muerte) y *salvamento* (resurrección). Dado que no hay más allá a este esquema dentro de la teología cristiana, el primer capítulo es ya en sí totalitario, no siendo sino un epiciclo del gran círculo de la novela. Constituye, por una parte, un círculo, pero por otra parte un punto de partida de un vector (el vector general al cual son tangentes tantos otros epiciclos, es decir, las diversas peripecias). Algo que es, por una parte *nacimiento* y por otra *totalidad* sugiere desde el mismísimo principio el esquema de círculo y flecha que he adoptado como emblema del *Persiles*. Más adelante ahondaré en esta figura. Quiero aquí dejar constancia de que la antinomia, la copresencia en el comienzo mismo del *Persiles* de *principio/nacimiento* y *totalidad/círculo*, relacionada a la concomitante simultaneidad violenta de los comienzos clásicos (*ab ovo* e *in medias res*), la mera colocación de estos elementos, es la primera señal de que, al lado de una lógica omniabarcante, hay en el discurso básico [3] del *Persiles* una confesión de inutilidad y una angustia ante lo desconocido paralelas y proporcionales. Hay, en efecto –para tender desde aquí un puente hacia el importante libro de Williamsen–, un caos có(s)-mico.

Los dos aspectos anteriores los desarrollaré en los siguientes capítulos. Si los he mencionado es para que estén copresentes en la mente de quien lea, como corolarios inevitables. En este capítulo me concentraré en un tercer aspecto de este *nacimiento* de Periandro que aún no he mencionado: tal como lo presenta el texto, la literalidad y la concomitante simbología (lo *alegorizante* y lo *alegorizado*), el nacimiento de Periandro sólo es *nacimiento* en el sentido de ser *parto*.[4] La diferencia entre las dos ideas es básica, es fundamental. *Parto* (en inglés *labor*) es el exacto compañero de *trabajo* (el libro no es "la historia," ni "las aventuras," sino "los trabajos" de Persiles y Sigismunda). Desde el Génesis, *parto* es la cara femenina de la divina maldición de trabajar. Esto por un lado. Por otro lado, *parto* es la cara del *nacimiento* que mira a la *madre*, a la *mujer*. La búsqueda de lo femenino en las obras de Cervantes, y, más concretamente, en el *Persiles*, comienza en el mismo comienzo. Esta segunda concomitancia de *parto* es tan importante en sí, que tiene también su capítulo (el 6) en este libro, con lo que, en este, me limito a hablar de *parto* como *labor*.

---

[3] Entiendo como *discurso básico* aquel cuyo emisor está en la base del texto (hablante, emisor o enunciador básico). Otros han llamado a este emisor *autor implícito*.

[4] Que yo sepa, sólo Diana Wilson y yo damos a este aspecto la importancia que merece, si bien ella se concentra en el doble significado de *deliver* (Periandro nos es *entregado* y *parido*), mientras que yo me fijo en la polisemia de *labor*, que, a pesar del título del *Persiles*, Wilson no enfatiza (*Allegories of Love* 118 y ss., y también 222). He de rectificar, por otra parte, una a mi modo de ver injusta restricción de la palabra *deliver* a dos significados (Wilson se refiere a "both senses of the word" (118) cuando en realidad hay, por lo menos, cuatro que se puedan aplicar al *Persiles*:
a) *deliver* como "parir"
b) *deliver* como "entregar lo debido", "cumplir" (en este caso, "poner en el texto") (estos dos sentidos creo que son a los que se refiere Wilson)
c) *deliver* como "entregar" en el sentido de "traicionar" ("deliver into the hands of his enemies")
d) *deliver* como "salvar" ("deliver us from evil")
Estas dos últimas acepciones de la palabra en inglés son tan pertinentes a la historia de Periandro como las otros dos.

Como metáfora, el mero hecho de que Periandro salga de la cueva (caverna platónica) sería suficiente para la gran alegoría del libro en su totalidad. *Nacimiento* es lo que se pretende, es decir, principio de una cadena cuyo último eslabón es *muerte*, y *nacimiento* está bien simbolizado con el simple salir de la cueva de Periandro. Pero el texto da detalles de grano mucho más fino. Eduardo González da en el blanco al escribir:

> No existe otro segmento del *Persiles* en el cual los detalles *cuenten* tanto, y con mayor precisión (con el *profetismo* que Borges postula en "El arte narrativo y la magia") como lo hacen los capítulos consagrados a la Isla Bárbara.[5]

Veamos algunos –que nunca pueden ser todos, por más que esa sea mi intención– de esos detalles.

En primer lugar, Periandro no sale: *lo sacan*, exactamente como a un niño. Esto nos lleva inmediatamente a un problema central tanto a una antropología como a una teología: el problema de la voluntad/impotencia y de la gracia divina (Providencia) frente a las Obras (otra vez *trabajos*). Es el unamuniano "yo no nací: a mí me nacieron" según el cual hay en la raíz misma de la vida una imposibilidad absoluta de ser en soledad. El cachorro humano como ser totalmente indefenso al lado de las crías de especies "inferiores" que sin embargo se valen por sí solas desde que nacen es tema antiguo, pues tienta en su proporcionalidad inversa (cuanto más altos en la escala de la Creación, más impotentes somos solos). El "ser sacado" como pasivo implica un sujeto agente no del verbo "nacer," sino del verbo "parir." "Nacer" en español es activo, para permitir nacimientos sin partos concomitantes, como el nacimiento de Venus, o los nacimientos metafóricos de ríos, el día, la tragedia griega... *Nacimiento* presenta el lado resultativo, el origen en abstracto, el mero hecho de comenzar a ser. En este sentido, el inglés es más existencial, pasivizándose (aunque no siempre) y haciéndose verbo en la forma "to be born." Lo que el primer capítulo del *Persiles* nos da es el *nacimiento* sólo en este sentido pasivo y concreto: el nacimiento de un ser humano, desde el punto de vista de la actividad inherente, del trabajo inherente, es decir, del *parto*.

---

[5] "Del *Persiles* y la Isla Bárbara: Fábulas y reconocimientos" 225-26.

De hecho, lo primero que encontramos en el primer capítulo son las manifestaciones externas del comienzo del parto: los dolores, manifestados por los gritos de la madre, por las voces del bárbaro Corsicurbo (que, entre otras cosas, representa a la naturaleza humana en su estado más animal). No deja de chocar el hecho de que Corsicurbo es hombre y no mujer, mas no será ésta la primera *ausencia evidente* de la mujer en el capítulo. Adelantándome a mí mismo, defenderé la maternidad (animal) de Corsicurbo, a pesar de la ausencia de lo femenino, junto a la paternidad (igualmente animal) del propio Corsicurbo, en una especie de figura negativa del andrógino, de andrógino al revés, de anuncio violento del andrógino que busca y encuentra Diana Wilson en su gran libro. Ténganse presente estos gritos de Corsicurbo a la hora de "buscar a la mujer," tarea que emprenderé más abajo, y con la que (in)concluiré mi libro.

Las voces de Corsicurbo son sólo entendidas de Cloelia, exactamente igual que en un parto los gritos de la madre son bien audibles ("gran estruendo" en palabras del texto del *Persiles*) pero incomprensibles y hasta inhumanos ("cosas de mujeres").[6] ¿Quién es esta Cloelia? ¿Qué tiene, que no tengan los demás, para ser la única que entiende a Corsicurbo? ¿Acaso se entienden Corsicurbo y Cloelia porque Corsicurbo es doblemente mujer –es decir, ejerce de madre y de comadrona– resultando así el representante del "mundo sin mujeres" un mundo doblemente femenino? Antes de responder definitivamente a esto, o sea, una vez más difiriendo la búsqueda de la mujer, sigamos con el texto, que, tras los gritos de Corsicurbo menciona la cueva, la *estrecha* boca de la *profunda* mazmorra. Casi se puede criticar estilísticamente a Cervantes aquí, por el uso un tanto forzado de los adjetivos, que, como dijo el poeta,

---

[6] Hasta el punto de que es un lugar común (desde la misma Biblia, que contrasta la irracionalidad triste del pre-parto con el contento racional y pleno de ver a la criatura, hasta las *sit-coms* norteamericanas) el alarde de irracionalidad, o de *logos* sometido a su más humillante derrota por *natura*, de las parturientas. Es común oír cosas como "si me vuelves a tocar en tu vida, te mato, hijo de perra" dirigidas al marido/padre; aún está en la memoria colectiva (gracias a un memorable vicepresidente de los Estados Unidos) el recuerdo de la serie *Murphy Brown* en su capítulo dedicado al nacimiento del hijo de Murphy. Precisamente un personaje demasiado "lógico" (y, concomitantemente "poco femenino," dentro del común pensar norteamericano), sufre una extrema caída en el opuesto "irracional" al dar a luz. Cuantos hayan visto el episodio saben a lo que me refiero. Y cuantos hayan visto parir, lo saben mucho mejor; y *cuantas* (femenino) hayan parido, lo saben mejor que nadie.

"cuando no dan vida, matan." Si mantiene los dos adjetivos al lado de los dos sustantivos, tiene que ser por la imperiosa necesidad de mantenerlos, es decir, porque sólo ambas frases nominales dan la idea completa de vagina y útero, respectivamente, como complementarios y opuestos. Vagina y útero son las figuras perfectas para mostrar la interconexión entre lo positivo y lo negativo del *todo* que ya de por sí sólo se puede nombrar dualmente: sexo/reproducción humana. En el elaborado dogma de la Virgen María es clara la oposición que en teoría hay (o *debería haber*) entre sexo y reproducción. Vagina es sexo; útero es maternidad. Vagina es pecado; útero es bendición. Vagina es, pues, *estrecha*, obstáculo a la vida, sede del dolor de "parirás a tus hijos con dolor," pues fue sede del placer y del pecado. Útero es *profundo*, espacioso, cómodo, casi como el Cielo.

Pero la cueva es más. El comienzo *ab ovo* en el texto literario es problemático por una razón que tiene que ver no tanto con retórica, sino con ontología y, una vez más, teología. Se trata del problema metafísico del comienzo en sí: cuándo algo es algo y cuándo no era aún ese algo. Desde los metafísicos hasta los médicos, además, saben que una aplicación cercanísima de lo que de otra manera acaso no fuera sino una *discusión bizantina* (y nunca mejor dicho, tratándose del *Persiles*) es el poder determinar cuándo comienza la vida humana. No se sabe en el siglo XVI (como no se sabe en el XX, prueba de lo cual es la disputa entre partidarios y enemigos del aborto) cuándo comienza el ser humano a ser tal.[7] Este problema, que no es ajeno, en sus tremendas posibilidades homológicas, al problema de la creación artística,[8] no le pasa desapercibido a un Cervantes que está "dando a luz" un texto sobre "dar a luz." Si en términos biológicos él no tiene solución (es obvio que Periandro viene de alguna parte a la cual llegó desde alguna parte, a la cual llegó desde alguna parte...) sí la tiene en términos católico-escolás-

---

[7] Me deja escrita una nota Diana Wilson en la que me asegura que para Dante, el sexto mes del embarazo era la "raya," dado que en tal mes recibía el feto el cerebro. No he podido encontrar la cita, pero le agradezco el dato, sumamente sugerente de la banalidad a que todo lo sublime está condenado.

[8] Un caso magistral de esta homología, de llevar a sus últimas consecuencias el problema, es, naturalmente Sterne en *Tristram Shandy*, que se basa en la muy dieciochesca teoría del *homúnculo* para hacer una disección punzante de lo que implica *ab ovo*. Por cierto, que en *Tristram Shandy*, "Sterne has contrived an opening which is *ab ovo* and *in medias res* at the same time" (Nuttall: *Openings: Narrative Beginnings from the Epic to the Novel* 155).

ticos, según los cuales la vida es un paréntesis entre dos *muertes*, siendo el nacimiento y la muerte tránsitos, puertas (*estrechas*, por cierto) e iguales en tal sentido. Por eso,⁹ la cueva es "antes sepultura que prisión." Aquí, las palabras están medidas con precisión de teólogo, pues si el útero y la tumba son sepulturas, y la vida una especie de entresala con dos puertas, esa entresala es, simultáneamente y en otra imagen igualmente consagrada, *prisión* desde tiempo inmemorial en la tradición cristiana. En efecto, antes de la prisión viene la sepultura. Una vez más, como en la dicotomía de los comienzos *ab ovo* e *in medias res*, el *alegorizante* contradice al *alegorizado*. La cueva, en la literalidad del texto, es prisión, de la cual sacan a Periandro los bárbaros. En cambio, en la alegoría, *nacer*, es decir, salir de una "sepultura," es ingresar en prisión, pues prisión es la vida humana. Por ambas obviedades, Cervantes ha de introducir los dos términos con la palabra más significativa de todas, palabra que sola acaso pueda dar la razón a los críticos que prefieren la lectura alegórica del texto frente a la literal: *antes* sepultura que prisión. *Antes* la lectura alegórica que la literal.

No acaba aquí el excurso cervantino por el misterioso mundo de los nonatos. Este es el limbo, la mente de Dios, donde están "muchos cuerpos vivos." Nótese bien: *cuerpos*, no *almas*, no *hombres*. Si bien es cierto que hay un ser humano en el vientre materno, lleva el nacimiento consigo la idea de un comienzo a ser, a ser algo que no se era antes. La contradicción entre el ser y el no ser del nonato es palpable, por ejemplo, en la praxis católica del bautismo. Hablo de cuando la Iglesia afirmaba que los recién nacidos sin bautizar no iban al cielo ni al infierno, sino al "limbo," y que, por lo tanto, era conveniente bautizar a los niños inmediatamente después de nacer. Si, por otra parte, se afirmaba, como se sigue afirmando hoy día, que el feto es un ser humano completo desde el momento mismo de su concepción, ¿por qué no se ha bautizado nunca a los fetos, dado que su muerte, su aborto (provocado o no) llevaría sus almas al limbo que se quería evitar para los ya nacidos? Las voces de Corsicurbo se escuchan "cerca y lejos," o sea, *aquí* y *allí*. Esta antinomia cabalga a lomos de la anterior, a lomos de la frontera por descubrir entre el ser y el no ser. ¿Qué otro sentido, si no, tiene la

---

⁹ Y por una razón de mucho más alcance, que tiene que ver con el final del *Persiles* (con la muerte de Magsimino), de lo que hablaremos en su momento (véase el capítulo 6).

expresión cervantina? ¿A qué "despiste cervantino" atribuir la extraña figura de afirmar que las voces se escuchaban "cerca y lejos"? Es obvio que si se escuchan lejos han de escucharse cerca, con lo que, desde el punto de vista meramente lógico y de economía del lenguaje, con decir que se escuchaban lejos bastaría.

La voz de Corsicurbo, pues, cruza la frontera entre el *aquí* y el *allí*. Es oída desde dentro de la cueva por Cloelia, la desventurada. Cloelia es Eva, nuestra madre ausente: la mujer a la que hay que buscar salvando el gran obstáculo vaginal. "A quien sus desventuras en aquella profundidad tenían encerrada" es una clara alusión al Pecado Original en su versión femenina, la que condena a parir los hijos con dolor. ¿Será preciso insistir en que una *mecánica* del *Persiles*, que yo intento esbozar en estas páginas, es fundamental junto a una *economía*, dado que es un libro sobre *trabajos*, y que *trabajo*, término mecánico y económico, es la palabra clave de la doble maldición divina del Paraíso Terrenal? A Adán "ganarás el pan con el sudor de tu frente" y a Eva "parirás a tus hijos con dolor" son condenaciones a la vez iguales (condenación a *labor*) y distintas (tan opuestas como lo masculino ha sido a lo femenino en la civilización heredera de lo judeo-cristiano).

Tras esta mención de Cloelia hay un párrafo clave, que reservo para otro capítulo: es el párrafo donde, al lado de la preocupación de los mejores críticos por encontrar a la mujer en el texto (pienso sobre todo en Ruth El Saffar y Diana de Armas Wilson) y en una forma escalofriantemente literal que, sorprendentemente, no ha sido notada, el texto del *Persiles* pregunta dónde está la mujer. Es sorprendente que quien tan acertadamente hace la pregunta "Is there a woman in this text?" y tan bien la desarrolla, no se haya dado cuenta (que yo sepa) de que el texto del *Persiles* pregunta literalmente "Is there a woman in this cave?," y que la respuesta es un *no* mucho más radical que decir que no: es una respuesta ausente. *Nadie* responde a esta segunda parte de la demanda de Corsicurbo (separada de la primera en la edición de Avalle-Arce por un punto y coma). Para los aficionados a buscar "despistes cervantinos," éste es casi de tanto bulto como el famoso asno de Sancho. Dice Corsicurbo:

> y mira bien si, entre las mujeres de la pasada presa, hay alguna que merezca nuestra compañía, y gozar de la luz del claro cielo que nos cubre y del aire saludable que nos rodea. (51)

Pero nadie responde. Cloelia, ni dice nada, ni encuentra, ni tan siquiera "mira a ver." Tal mujer que va a nacer (a "gozar de la luz") no está. No es que no esté en la cueva: es que ha desaparecido del texto, dejando la huella de ser echada de menos. Corsicurbo la busca: es el único indicio que nos dice que existe. Por lo demás, hay, efectivamente, que buscarla, y en esto es admirable el trabajo de los críticos aludidos. Me uniré, como avisé, a su búsqueda, más adelante.[10]

Llega, tras el párrafo mencionado, el momento del *parto* propiamente dicho, y Cervantes introduce un símbolo poderosísimo, polisémico, capaz de ser leído a todos los niveles (y pienso no sólo en los cuatro *sensi*, en los que insistiré, sino simultáneamente en categorías más modernas como consciente/subconsciente, o alegórico/simbólico). El símbolo o imagen a que me refiero es el de la *atadura*.

La *atadura*, en primer lugar, como es esperable siguiendo bien una alegoría de *parir*, o ser parido que además de ser alegoría sea también *tropología* y *anagogía*, aparece antes que el propio Periandro. Va a ser, obviamente, una alusión al cordón umbilical, alusión hecha con precisión de obstetra, como veremos, pero también una alusión a toda concomitancia del nacer, a todo lastre necesario del ser humano al nacer: al pecado original.

Antes de proseguir, he de decir algo acerca del poderoso símbolo de la atadura. Dentro del universo dual representado por las tradiciones greco-latina y bíblico-cristiana, la imagen de la atadura *enlaza* a ambas en un estrecho *nudo* (yo mismo estoy usando el poderoso campo semántico en cuestión) en temas tan claves como el del *desprendimiento* del hombre de sus pasiones (que puede ser tema cristiano, homérico o estoico), en mitos como los de Penélope, Aracné, y tantos otros. La cuerda, la atadura, sirve para salvar a Ulises de las Sirenas o para ahorcar a Judas. La atadura de Ulises al mástil de su navío se cristianiza en Cristo clavado a la cruz, siendo

---

[10] Eduardo González, en buena consonancia con lo que aquí exponemos, repara atentamente en otro "despiste cervantino" (él lo llama *olvido* con toda la malicia del mundo): la desaparición de Corsicurbo mismo "al concluir o efectuarse su función" ("Del *Persiles*" 227). González también se ha fijado en el carácter de *voz* metonímicamente asociado con Corsicurbo. Mi discrepancia (y creo que también la de Diana Wilson) con él estaría en ver una clarísima oposición entre *voz* y *voces*, que es lo que Corsicurbo emite.

Judas el Anticristo personificado, en su perversa utilización de una atadura que, más que unir, desune.[11]

La atadura, cuerda, cadena, es ambivalente, pues. Es el símbolo de arrastre a los abismos de la perdición (es lo que une al hombre con, por ejemplo, las pasiones, el pecado), pero es, igualmente, símbolo de salvación eterna (Cristo, como Ulises, atado al árbol de la cruz, y el hombre viviendo, como decía San Juan de la Cruz, "crucificado con Cristo"). En el capítulo primero del *Persiles* tendrá ambas funciones, y ambas dentro de la ambigüedad ya preestablecida entre *alegorizante* y *alegorizado*. Así, si atado a la cuerda nace y es llevado por los bárbaros a su perdición (véase más adelante la especialísima geometría de esta escena), por estar atado al madero de la balsa es salvado al final. Simultánea y contradictoriamente, la atadura se comporta como salvadora y condenadora. Literalmente, la cuerda comienza siendo "sacadora" (de la prisión), pero eso se lee a nivel moral o anagógico como "nacer atado a las pasiones," o sea, como negativo. El naufragio, que a nivel literal se lee como negativo (e incluso alegóricamente es "muerte"), será, sin embargo, igualmente legible como "bautismo," y, por tanto, "atadura a la Iglesia salvadora."

Atado a esa polisémica y contradictoria cuerda nace, pues, Periandro. Como buen cordón umbilical que es en el sentido alegórico (recapitulemos: este salir de la mazmorra es una alegoría del nacimiento, y, más precisamente, del nacimiento entendido como *parto*), viene cuidadosamente atado "por debajo de los brazos," y es algo relacionado con tal cordón lo primero que hacen los "parteros," seguido de precisas acciones de obstetra:

> Lo primero que hicieron los bárbaros fue requerir las esposas y cordeles con que a las espaldas traía ligadas las manos. Luego le sacudieron los cabellos . . . Limpiáronle el rostro . . . enterneció los pechos. (52)

Son exactamente las acciones primeras de toda sala de partos: ocuparse del cordón umbilical del recién nacido y lavarlo. La que falta (el llanto proverbial) está ahí mismo, a continuación, en el texto: Periandro habla mas no es entendido de nadie. Sólo con esto

---

[11] Hablo de esto con más amplitud y más desenfado en "¡Vivan las cadenas!: San Juan de la Cruz, otros místicos españoles y una película de Buñuel".

ya cerramos un pequeño ciclo: el ciclo entre grito y grito (lenguaje fuera de *logos*) que va de los gritos de la parturienta al llanto del recién nacido, o, en el texto, de las voces de Corsicurbo, no entendidas, al exclamar de Periandro, tampoco entendido. Nótese que el paralelismo oculta lo que podría tomarse como otro despiste cervantino, pero que a estas alturas ya resulta claro que no lo es: me refiero a la paradoja de que a Corsicurbo "nadie lo entiende" por ser bárbaro, y a Periandro "nadie lo entiende" por no serlo. Lo que se entiende a este lado de la cueva no se entiende al otro lado, y viceversa. La única que parece traspasar esa barrera infranqueable de la "estrecha boca de la profunda mazmorra" es Cloelia ("*sino* de la miserable Cloelia").[12] Cloelia va a ser pieza clave en la búsqueda de esa mujer inexistente, pues ella misma, sin serlo, lo es. La palabra *sino* en castellano es inexcusablemente paradójica (si-no), y en este su contexto del arranque del *Persiles* no puede dejar de serlo.[13]

Y la misma contradicción encierra el deliberadamente ambiguo *requirieron*, que es el verbo aplicado a "los cordeles." Su preciso contexto le da un obvio significado de "cortar el cordón umbilical" (obvio junto a limpiar a la criatura, enternecer los pechos, etc.), pero es el caso que la literalidad del texto, muy disimuladamente, nos da a entender que tal corte no se efectúa. El texto insistirá en adelante en que a Periandro lo llevarán de aquí para allá *atado como estaba*. Hay una diferencia, un diferimiento, si se quiere, entre corte umbilical y separación de la atadura a otro nivel. En efecto, si la atadura es, a nivel moral o anagógico no el cordón umbilical sino el pecado original, el nacimiento no sólo no libra al nacido de él, sino que realiza en plenitud su maldición. Dos cosas tremendas dice Periandro en ese párrafo-llanto no entendido de los bárbaros: a) "Cristiano soy" y b) "Me habéis traído a morir." Esta segunda

---

[12] Cloelia, de este modo, como la Malinche, sería "la intérprete," y, como ella, me temo que también "la Chingada" (pienso, como es obvio, en los seminales *Laberinto de la soledad* y *Posdata* de Octavio Paz).

[13] Una de las variantes de la frase que hemos venido llamando *central* del *Persiles* contiene ese *sino* ("No pueden parar sino en Dios"). Si se acepta ese *sino* como una bifronte y ambigua negación de la negación (de "no pueden"), teniendo al otro extremo "Dios," tenemos una complejísima actitud de la sintaxis ante la pregunta "¿pueden parar?" En vez de decírsenos "pueden parar en Dios," se nos riza el rizo con un "no pueden parar" matizado, pero con una matización que en su doblez de sí/no, hace a la frase ser débil como aseveración. Un lector me hace la observación de que Otis Green, si bien no se fija en la palabra *sino*, trae a colación el paradójico *sic et non* del *Persiles* (*Spain and the Western Tradition* 7).

aseveración encapsula el agravamiento de la existencia por el hecho de haber nacido. "Me habéis traído a morir," pues "muerte" inevitable es la vida sujeta al pecado.

Ahora bien: "Cristiano soy" es el anuncio del antídoto. Si "me habéis traído a morir" se refiere a la tara impuesta por las ataduras que nadie ha cortado, "cristiano soy" se refiere a las ataduras gracias a las cuales, en el "bautismo" será salvado (por el obvio "capitán de la nave"). "Cristiano soy" es, hasta literalmente, una profesión de fe suficiente para constituir, incluso ante las más exigentes jerarquías eclesiásticas, un *bautismo de deseo*. Este bautismo, por lo demás muy erasmista en cuanto a que minimiza el rito bautismal en sí en favor de la pulsión del corazón humano, pone en marcha *vinculante* a la Divina Providencia impidiendo la condenación, pero, acaso, haciendo ineficaz todo esfuerzo, todo *trabajo* u *obra* humana (extremo protestante), o acaso reduciendo la obra humana al *intento*, que sí está en los predios del albedrío (extremo erasmista). El hecho es que esa atadura será lo que salve a Periandro del naufragio, impidiéndole atarse como Ulises. Es un *desatarse* progresivo lo que se aprecia en el proceso de salvación de un Periandro que sigue íntimamente atado hasta su final rescate. Sólo el "capitán," como es lógico, puede romper la última atadura.

Ambiguo es, pues, en su alcance, el símbolo de la atadura. La que no es cortada forma dialéctica con la que sí es cortada. La alegoría pugna con la anagogía. Al principio y al final de ambas está el *trabajo* como tema y como pregunta. Siendo inevitable, surge la pregunta de si acaso también es inútil: de si acaso la maldición divina se parece a uno de esos castigos que se dan a los niños que, además, sirven para algo ("hasta que no ordenes tu cuarto no sales a jugar con tus amigos"), o más bien a uno de los otros, de los que, castigando y haciendo daño, no cumplen, sin embargo, ninguna función. Alguien que está trabajando al máximo en la construcción de un libro que cree su deber, quiere saber si ese libro puede ser más útil que los pesados libros que se ponen sobre los brazos en cruz de los niños castigados a estar de rodillas sobre garbanzos.

La noción de *trabajo* tiene que ver más con *lo que hay que hacer* que con *lo que se hace*. De hecho, no se puede hablar de "acciones sin hacer" más que en un contexto filosófico de lo posible. En cambio, se puede hablar, y se hace, de "trabajo sin hacer." Hasta tal punto es esto no sólo posible, sino principal en la noción de trabajo, que en español son casi rigurosos sinónimos las expresiones "tengo trabajo" y "tengo que hacer" (de hecho, tenemos el sustantivo, normalmente plural –ya que un trabajo, una fatiga, nunca viene sola– "los quehaceres"). Para tener trabajo no es necesario hacer el trabajo. El trabajo es precisamente la marca de nacimiento del ser humano. En inglés existe una palabra –*labor*– que reúne las dos vertientes –masculina y femenina– de la maldición divina: "parirás a tus hijos con dolor" y "ganarás el pan con el sudor de tu frente." Para Ruth El Saffar, el *Persiles* recobra lo femenino como nunca antes en Cervantes. Tiene toda la razón. El desplazamiento sutil de *nacimiento* a *parto* lleva a cabo esa misma recuperación en la forma más escandalosa posible: yendo al núcleo mismo de lo femenino teológicamente hablando. Los *trabajos* (trabajos de Hércules, trabajos de Perseo-Persiles) comienzan por ser el trabajo femenino por antonomasia: el parto. Al colocar la imagen del parto en vez de la del nacimiento, la perspectiva que se obtiene no es la de la criatura nacida, la del mancebo (masculino), sino la de la madre que lo da a luz. Es sintomático que Corsicurbo y sus bárbaros actúen de madre y de padre al mismo tiempo en este parto. A nivel literal, su trabajo (alzar con cuerdas a Periandro) es trabajo masculino (el esfuerzo, el sudor). A nivel alegórico, esas voces de Corsicurbo unidas al esfuerzo de los bárbaros son los sonidos y los esfuerzos de parir. Periandro es el hijo del hombre (véase más adelante nuestro intento de etimología de los nombres de Corsicurbo y Cloelia), pero también es un desventurado hijo de Eva. Las voces de Corsicurbo son parte de un circuito comunicativo que sólo Cloelia entiende. Cloelia-Corsicurbo es la entidad que hace nacer a Periandro. Periandro es fruto de la maldición divina en sus dos vertientes, masculina y femenina. Grabados a fuego tendrá los estigmas de Adán y de Eva. Un hijo de los trabajos del hombre y la mujer sólo es redimible si ambas clases de trabajos, ambas clases de naturaleza, son redimidas.

Otro miembro importante del campo semántico de *trabajo* es el de *obra*. Para la teología contrarreformista es esencial el valor de las obras en la salvación. De nuevo podemos ver que el *quid* de la obra no es tanto su producto, sino la obligación de hacerla, es decir, el intentarlo. Para un católico vale más el que un maestro de escuela entregue todo cuanto posee a los pobres, que el que Rockefeller dé una limosna de un millón de dólares, aun cuando es obvio que, si nos atenemos al resultado benéfico del millón de Rockefeller comparado con la pobre contribución del maestro, es una beneficencia mucho mayor la de aquél que la de éste. Pero la Iglesia considerará mayor *trabajo*, mayor *obra* la del maestro de escuela. Por eso es esencial en el *Persiles* acudir a la llamada *falacia intencional*: porque una cosa es el resultado, es decir, el texto en sí, y otra muy distinta el libro titulado *Los trabajos* . . ., visto como trabajo, es decir, no como algo que se ha hecho, sino como algo que se tenía que hacer. Es intención de Cervantes que su libro sea "el mejor." Es intención de Cervantes *acabarlo*, hasta el punto que, de dos posibles libros incompletos (uno perfectamente hecho y pulido, pero con capítulos faltantes, y otro hecho a saltos, sin pulir, pero con todos sus capítulos, con su final), prefiere este último. La razón de esa preferencia radica en que es esa estructuración de totalidad la que constituye su principal trabajo y su orgullo (*Quijote* II, Prólogo: "¿Pensará vuesa merced ahora que es poco trabajo hinchar un perro –pensará vuesa merced que es poco trabajo hacer un libro?"). Para entender el *Persiles* es necesario entender la estética valorativa que lo acompañaba y, por lo tanto, los afanes de los autores. Si se considera, en un momento dado, que lo más importante de un libro es que los párrafos sean breves –es un ejemplo–, los autores se esforzarán por hacerlos así de breves. De igual manera, si el *trabajo* invertido en un libro es fundamental a la hora de valorarlo, todo autor hará lo más visible que pueda ese trabajo. Conocemos la crítica cervantina a las narraciones de caballerías, y de lo más criticable, según Cervantes, es precisamente que tales obras suelan carecer por completo de un plan previo, y de ahí los Esplandianes, hijos, nietos de Esplandián, etc.[14] La pregunta obvia es ¿Hasta cuándo? ¿Cuándo va a terminar esto? Es un poco la pregunta intencionada de Don Quijote a Ginés de Pasamonte referente a *La vida de Ginés de Pasamonte*: "¿Y está acabado?" Esa falta de acabamiento es falta de plan previo, falta de trabajo. Se pueden escribir necedades, siempre que sean "de industria."[15] Hasta en las licencias de impresión de los libros de la época se menciona el ahora sorprendente (y más si se es estricto anatematizador de la *falacia intencional*) "puesto que os costó tanto trabajo . . ." El *Persiles* es el *trabajo* de Cervantes en el mismo sentido que lo son los *trabajos* de Persiles y Sigismunda: cosas que hay que hacer, más que cosas que se hacen. En el caso de los personajes de

---

[14] Por supuesto, para hablar de nietos y bisnietos estará el último párrafo del *Persiles* (véase el capítulo 6).

[15] Adopto aquí un criterio muy próximo al de Cesáreo Bandera en su explicación del famoso pasaje oscuro del *Quijote* a propósito de *Tirant Lo Blanc* (*Mímesis conflictiva* 39 y ss.).

la novela, tales *trabajos* son los inherentes a la condición humana, desde el nacer (o el parir) hasta el amar. Es imposible no relacionar el acontecer vital de Cervantes con su gran alegoría de la vida humana. En dos ocasiones, por lo menos, hallamos un paralelismo total, incluso al nivel sintáctico, entre *Persiles* y su autor. En la dedicatoria al Conde de Lemos de la segunda parte del *Quijote*, dice Cervantes al Conde que estarán esperándole "*Persiles* para besarle las manos, y yo los pies," y en el famosísimo prólogo al propio *Persiles*, la conocida frase de "puesto ya el pie en el estribo" indica el comienzo de un viaje, que obviamente es la muerte, metafóricamente, pero que, como analogía, se relaciona con el viaje más obvio: el que tiene el lector delante de los ojos: el libro de viajes por antonomasia. Soy, en este libro mío, "católico" con Cervantes, por cuanto enjuicio el *trabajo*, tanto o más que el resultado.

Lejos me he ido de la simple idea de *parto* frente a simple *nacimiento*. Volveré a ella, para completar la imagen de la elaborada *alegoresis* según la cual una salida de una mazmorra se transforma en un parto detalladísimo, y a ese parto sigue un corto periplo vital y una muerte. En esa lectura, casi palabra por palabra, Periandro es, alegóricamente, una criatura que nacía mojada, sucia y desnuda (es decir, vestida de marinero, como para viaje por mar), gritando ella tras gritar su madre, atada a un cordón umbilical, acaso compartiendo el vientre con una hermana gemela que se sospecha pero que no está, y dotada de las armas de los recién nacidos, que "enternecen los pechos" de los más fieros bárbaros. (Al escoger, incluso, *los pechos* en vez de *el corazón*, pienso si en la composición del capítulo no pasaría como una ráfaga la posibilidad, finalmente abandonada por secundaria y diversora de lo principal, de buscar una literalidad cuyo significado alegórico fuese "dar de mamar al pequeño.") Tras el detallado proceso de nacer, vendrá una corta travesía, que aprovecharé para ilustrar la geometría del *Persiles*, y finalmente su naufragio/salvamento, de obvia significación alegórica. Todo el ciclo, según sospecho, funciona como *epiciclo* del gran ciclo que es el *Persiles*, según una mecánica orbital hija del afán totalizador, cósmico, evidente en el texto. El primer capítulo del *Persiles*, pues, presenta las dos funciones, no fácilmente conjugables entre sí, por cierto, de ser comienzo de un todo (arranque de vector, nacimiento) y al mismo tiempo proyección de ese todo (epiciclo, vida entera). A algún nivel, pues, ha de haber una bifurcación entre lo que nace y muere y lo que simplemente nace (o acaso nace-muere-renace) para seguir un periplo más largo.

En efecto, bien podemos decir que quien nace para seguir en otros capítulos es Periandro. En cambio, la criatura que nace y muere, no tiene nombre. El nacimiento de Periandro será un *renacer* de la criatura que ha sido parida y ha muerto en el capítulo. En el nacimiento de Periandro, visto así, no hay *parto*. En el paso de los restos de la balsa a la nave del capitán, si bien sigue estando esbozado el nacer biológico en esa atadura/cordón umbilical que Periandro todavía lleva, es sólo eso, un esbozo:

> Acudieron luego unos a quitarle las ataduras, otros a traer conservas y odoríferos vinos, con cuyos remedios volvió en sí, como de muerte a vida, el desmayado mozo . . . El capitán mandó que . . . quitándole los mojados vestidos, le vistiesen otros enjutos y limpios, y le hiciesen descansar y dormir. (54)

Si en el primer *nacimiento* no quedaba claro si se cortaba o no el cordón, ahora sí se especifica. Si antes se insinuaba la alimentación sin realizarse, ahora sólo es alimentación el cuidado que se tiene con el "recién nacido." Este renacer de Periandro es muy diferente a su nacer. Dos cosas arrastra Periandro desde la cueva: las ataduras y los vestidos. Esas son las dos cosas que aquí desaparecen, y que no habían desaparecido en el "primer nacimiento."

Lo que había nacido en aquel *parto* no era Periandro. Era una criatura sin nombre.[16] El texto del *Persiles* no contiene el nombre de Periandro hasta el capítulo segundo, y aparece este nombre primero como alusión a un tercero, como "un tal Periandro," y luego como aplicación de esa preexistente teoría al mancebo de quien se había hablado antes. Aquí lo que está en juego es no tanto el nacimiento, sino el *bautismo* de Periandro.[17]

Según la más ortodoxa de las interpretaciones católicas, y aun no católicas, el "segundo nacimiento" del cristiano es su bautismo, y no en vano se representa así, como un salir de las aguas, en el *Persiles*, frente a un salir de la tierra, que era el primer nacimiento o nacimiento biológico. Este nacimiento biológico, por más que sea

---

[16] También Eduardo González repara en este detalle ("Del *Persiles*" 228).

[17] De cómo *nacimiento* y *bautismo* pueden formar un par antinómico, o al menos dialéctico, del tipo *nacimiento/parto*, puede dar idea la dualidad de documentos oficiales de identificación común en los países abrumadoramente católicos. Existe desde siempre en España junto a la *partida de nacimiento* la *partida de bautismo*. Hasta físicamente se parecen, pero se oponen. El Estado no aceptará una partida de bautismo para, digamos, obtener un carnet de conducir, ni la Iglesia aceptará una partida de nacimiento para dar licencia matrimonial.

condición *sine qua non* para el otro (incluso en contradicción con la doctrina oficial de cara al aborto, según la cual habría que bautizar a los fetos), no es el verdaderamente importante. Unir el bautizo con la imposición de nombre es el gran letrero luminoso de la importancia del acto: nace para la Iglesia quien a su vez es persona, o sea, tienes nombre si has nacido para Cristo, y viceversa. La controversia de los anabaptistas, por ejemplo, es uno de los problemas que esta aproximación lleva anejos. Bautizar a los niños recién nacidos –cuanto antes, mejor– o sólo bautizar a quien ya es persona –en su uso de razón– son dos extremos opuestos de la definición de *persona* unida a la de *nacido en Cristo*.

Comoquiera, al cristiano se le impone el nombre en el bautizo como señal de que hay una concomitancia entre ser persona y nacer en Cristo. En este sentido, muere el viejo ser para dar lugar al nuevo. La criatura parida del principio del capítulo muere simbólicamente, por más que se salve literalmente. Quien se salva es Periandro. Quien sigue la peripecia es Periandro. Quien emerge del bautismo simbolizado en el naufragio, es decir, quien es acogido por el capitán, etc, es Periandro. Con el traje y las ataduras con que la criatura fue parida, no se puede "descansar y dormir."

Pero este segundo nacimiento, con ser el generador de la continuidad, no es tan interesante. Tras él, de alguna manera, nada interesante puede acontecer, excepto "descansar y dormir." El interesante no es el salvador renacimiento último tras el que todo cesa, tras el que el alma puede "quedarse y olvidarse" dejando todo cuidado entre las azucenas, como en los versos inimitables de San Juan de la Cruz. Si apuramos el vaso de la simbología de la nave del capitán salvador, sólo dormiremos y descansaremos: ya no habrá más trabajos. Si los hay (incluso para el Periandro *salvado*) es porque queda pendiente al menos uno, y uno que era concomitante al principio del capítulo, al nacimiento en su versión de *parto*: encontrar a la mujer. Encontrar a la doncella que Corsicurbo quería y que había desaparecido; encontrar quién es Cloelia: averiguar si hay una mujer en la cueva: encontrar a Auristela. Incluso si el capitán es Cristo, incluso si el *trabajo* es "ir a Roma," Roma está lejos: tan lejos como, no ya Auristela, sino tan lejos como *ella*, diré yo yendo incluso más lejos que Cesáreo Bandera.[18] Tan lejos como *la mujer*. Si en

---

[18] Bandera, en efecto, dice: "la distancia que separa la isla bárbara de Roma, la que existe entre la violencia y Cristo, no es otra que la distancia que separa a uno de otro protagonista" (*Mímesis conflictiva* 131).

ese ir más lejos que Cesáreo Bandera encuentro paradójicamente a Ruth El Saffar, acaso sea inevitable, pues inevitable me será, antes de esbozar la extraña geometría que el periplo vital tiene (periplo encerrado en esa balsa del primer capítulo del *Persiles* de la que todavía no he hablado), referirme al objetivo de ese periplo vital, que, en total conformidad con Bandera, no es otro que eliminar la distancia que separa a x de y, siendo x tanto la isla bárbara como la violencia, e y tanto Roma como Cristo, pero también siendo x Periandro/Persiles e y Auristela/Sigismunda. Por esta última y certera observación, debo estar simultánea e imposiblemente de acuerdo con Ruth El Saffar, y debo emprender la búsqueda de la mujer inmediatamente. Acaso discrepemos a la hora del desaliento, de la impotencia y de la frustración, mas no debo, nada más nacer, en la nave del capitán, abrigar tan sombríos pensamientos. Corsicurbo había preguntado a quien le pudiera entender si había una mujer en la cueva, y esa mujer debe ser buscada, tanto más cuanto encontrar a esa mujer es encontrar el reposo (como dice el texto cervantino mismo, el "sosiego"): ese reposo que sólo puede efectuarse "en Dios como en su centro." Ha de buscarse (*recobrarse*, ya que, aunque fugazmente, en la frase "como de pasada" de Corsicurbo, la habíamos tenido alguna vez, y porque Platón pesa mucho aún) esa mujer si hemos de acceder al reposo de Dios. El origen de esta "sorprendente" ecuación (Dios = femenino), que va más allá todavía del lugar adonde llegaba Ruth El Saffar, bien puede estar

> dans la tradition kabbalistique chrétienne de la "Sekina," feminité de la présence divine et de son habitation en ce monde. (Certeau 187 y nota 76)

La *Sekina* no es ni más ni menos que el aspecto femenino de Dios. Si la intertextualidad entre el texto cervantino y la tradición de la Sekina —como otras tradiciones cabalísticas, entre las que se podría contar la numerología a la que me referiré más tarde— es "real," o es "casual," o es indirecta, vía, por ejemplo León Hebreo, no lo sé,[19] ni mi cortísimo entendimiento en materias de cábala me permite afirmar nada al respecto.[20] Acaso expertos como Swietlicki

---

[19] Por más que me una entusiasta a la opinión de Wilson de que el *Persiles* "not only belongs squarely in this neglected tradition, but might also serve as its most powerful narrative prose statement" (*Allegories of Love* 95).

[20] Me uno aquí a El Saffar en el acto de tirar la piedra y esconder la mano: "I

tengan respuesta, que esperaré con ansia. Pero, intertextual con la *Sekina* o no, la situación de hecho en que la búsqueda de la mujer es la búsqueda del metafísico Norte, Centro, Uno siempre fugitivo, Dios, la tenemos en el primer capítulo del *Persiles* dando auténticas voces.

---

have no idea whether Cervantes was exposed to the writings of the Alchemists" (*Beyond Fiction* 200). El Saffar dedicó luego su tiempo a seguir indagando en ese tema, a pesar de ignorar un dato, que, por lo demás, es *meramente* positivista (véase, por ejemplo, su "Persiles' Retort"). Los mejores trabajos en este sentido, los que sí han sido hechos por quien sabe, son los de Catherine Swietlicki, quien, sin embargo, los contiene –de momento– en los textos de los místicos. En el presente libro se alude más de una vez a lo borrosa que a veces puede ser la frontera entre esos textos y los demás, con lo que, desde aquí, invito a quienes saben a no pararse en barras, y a poner la cábala en contacto con místicos y no místicos. Otra manera de proceder aquí puede ser la de explorar si el obvio funcionamiento de la Sekina en textos como *Menina e Moça* es extrapolable a la pastoril en general, y de ahí a toda narración alegórica de "mujer expulsada." Hay mucho en Auristela que le hace parecerse a la *menina* (o a la Sekina). Véanse a este respecto los trabajos de Barbara Mujica y Helder Macedo citados en la bibliografía.

CAPÍTULO 3

GEOMETRÍA Y GEOGRAFÍA DEL *PERSILES*

> The name is the trope of the zero. The zero is always *called* a one, when the zero is actually nameless, "innomable."
>
> (Paul de Man)

Antes, no obstante, de buscar a la mujer, hemos de proveernos de mapas y de guías de viaje. En el capítulo primero del *Persiles* encontraremos unos y otras, al ofrecernos el texto el primer viaje completo: el primer periplo vital que, entre nacimiento y muerte/resurrección contiene el viaje propiamente dicho, el desplazamiento de *a* a *b* base de toda metáfora de la vida. No es otro ese viaje, en el nivel alegorizante, que la travesía de Periandro en la balsa, atado y conducido por los cuatro bárbaros.

Cuatro son los bárbaros que sacan, con Corsicurbo, a Periandro de la cueva ("él y otros cuatro bárbaros tiraron hacia arriba," dice el texto). Hijo de ellos es, pues, Periandro: de su "padre" Corsicurbo y de toda la herencia de Corsicurbo, de todo el lastre que va a acompañar a Periandro hasta la muerte: esos otros cuatro bárbaros. "Sin desatarle" (insiste el texto), llevan a Periandro a la balsa, y una detalladísima figura es compuesta con palabras. La transcribiré entera (los subrayados son míos):

> Saltaron luego en los maderos, y pusieron en medio de ellos sentado al prisionero, y luego *uno* de los bárbaros asió de un grandísimo arco que en la balsa estaba, y poniendo en él una desmesurada flecha, cuya punta era de pedernal, con mucha presteza le flechó, y encarando al mancebo, le señaló por su blanco, dando señales y muestras de que ya le quería pasar el pecho. *Los bárbaros que quedaban* asieron de *tres* palos gruesos, cortados a mane-

ra de remos, y el *uno* se puso a ser timonero y los *dos* a encaminar la balsa a la otra isla. (53)

Teoricemos, estableciendo geometrías posibles. El número cuatro se puede analizar matemáticamente de tres maneras distintas: a) 4=1+1+1+1; b) 4=2+2; c) 4=3+1.

Geométricamente, el primer cuatro puede ser representado por una simple continuidad (primero esto, luego esto otro, luego esto otro y luego esto otro). Su imagen gráfica es el vector simple: la recta.

El segundo cuatro representa el cuadrado. Es lo que se obtiene de dos cantidades previas puestas en relación. Tiene el atractivo esta clase de cuatro de ser igualmente la suma de 2+2 y el producto de 2×2. Esta es la estructura cuatripartita que aparece nítida en otras estructuras del *Persiles* a primera vista (Periandro-Auristela = Persiles-Sigismunda, cuatro libros, etc.). Digo a primera vista, porque un análisis más detallado demuestra que en tan perfecta simetría existen problemas y ausencias enormes. Casalduero, en su *Sentido y forma...* elabora lo que él denomina una "arquitectura" del *Persiles* en torno a ese 4 explícitamente basado en la duplicación del 2. Ruth El Saffar ha explorado esto mucho más en *Beyond Fiction*, y a ella (y a ello) me referiré en breve.[1]

El tercer cuatro es aquel cuyo cuarto elemento es distinto a los demás. Ahora bien: para ser distinto, geométricamente, o se le sitúa en el centro de un triángulo (siendo así los otros tres puntos perimetrales), o se le sitúa en un plano distinto, obteniendo así la pirámide de tres lados, el primero de los sólidos perfectos: el tetraedro. La figura tetraédrica (o, si se quiere, el triángulo con un centro) tiene la curiosa propiedad de que, teniendo cuatro elementos, se nos antoja forma tripartita. El resultado de esto es que la figuración llevada a cabo por los nombres puede tener en cuenta un aspecto u otro. Semejantes estructuras abundan en nuestra civilización (y en otras). Así por ejemplo, para Einstein, el tiempo es "la cuarta dimensión," formando un cuatro análogo al de los bárbaros (3+1),

---

[1] Es clásica la cifra 4 como cifra del *cosmos* entendido precisamente en su sentido griego opuesto a *caos*. El 4 es la cifra de todo equilibrio: contra toda evidencia física insistimos en dotar a las mesas de 4 patas en vez de 3; la utopía del contable es que todos los libros *cuadren*. Pero todavía no hemos escapado a la prisión micro-macrocósmica según la cual el hombre es un pequeño cosmos, o el cosmos un mega-hombre. Véase el clásico libro de Francisco Rico *El pequeño mundo del hombre*.

pues no hace falta ser matemático para ver cómo esa cuarta dimensión es cualitativamente distinta de las otras tres. Muchos paradigmas de menos empaque y aureola tienen en sí esta distribución interna. Así, el paradigma de los sabores opone *dulce* tanto a *salado* como a *ácido* como a *amargo*, pero estos otros tres sabores no se oponen entre sí. Otro ejemplo lo vi en un artículo de Rafael Sánchez Ferlosio,[2] donde dice lo siguiente:

> De los cuatro jinetes del Apocalipsis –Muerte, Guerra, Peste y Hambre– siempre se me ha antojado que sobraba Muerte, pues, viniendo por compañero indefectible de los tres restantes, parecía redundancia que contase como un cuarto jinete con caballo propio, siéndole más congruente figurar, en todo caso, cabalgando, tres veces repetido, a la grupa de cada uno de los otros tres.

Ejemplos más triviales nos los dan los tres mosqueteros, que todos sabemos que eran cuatro, pero que, en la novela de Dumas, retienen el concepto de *tres* en el título mismo. Vemos cómo el elemento añadido (D'Artagnan) es cualitativamente distinto del *tres* primitivo (Athos, Porthos, Aramis), y cómo su relación es tetraédrica, en el sentido de que existe un plano de relaciones entre los tres mosqueteros originales del que D'Artagnan no participa, y otro plano de relaciones que son exclusivas de cada uno de los otros tres, o incluso de su conjunto, hacia D'Artagnan. *The Four Tops* es otro ejemplo, esta vez, como en el caso de los cuatro jinetes del Apocalipsis, reteniendo el *cuatro* y no el *tres* en el nombre (hay un solista y tres acompañantes: dos planos espectaculares claramente distintos en *The Four Tops* y en todo grupo musical clásico de la escuela *Motown*). Un caso que en una primera redacción tenía como igualmente ejemplificante, y que suponía el ejemplo de un 3+1 análogo a *The Four Tops* y *Los tres mosqueteros*, pero que optaba por adoptar en su nombre no la idea de 4 ni la de 3, sino la de 3+1, era *Diana Ross and the Supremes*. Una oportuna observación de Edward Friedman me hizo ver que Diana Ross and the Supremes eran 3, puesto que las *Supremes* eran sólo dos. Fue en verdad afortunada la observación, puesto que me obligó a revisar el esquema con buenos resultados, como se verá.

---

[2] "Tres jornadas de reflexión sobre la OTAN," en *La Homilía del ratón* 255.

Tras mirar las tres posibilidades de análisis del 4, y sin abandonar ninguna del todo, es obvio que el esquema o fórmula c) representa bien nuestra distribución de bárbaros. Tres hacen lo mismo (toman un palo-remo) y uno hace algo distinto. Lo que tenemos en el episodio de los bárbaros es un número cuatro de la tercera clase, es decir, uno cuya representación geométrica pueda llamarse *piramidal*, por oposición a la lineal y a la cuadrangular. No obstante, la verdadera diferencia específica de la estructura cervantina 3+1 no está en la esencia de la primera cifra (3), sino en el elemento sumatorio, en el elemento sobrante a un paradigma previo. Lo que Cervantes ilustra en el episodio de los cuatro bárbaros es una instancia particular de lo que llamaré aquí fórmula geométrica del *Persiles*: $n+1$, siendo n un todo, un conjunto preestablecido, un paradigma previo, ya dado, teóricamente completo, al que, sin embargo, le *falta* algo. El paradigma puede ser un *tres*, o un *cuatro*, o cualquier otra cosa. Esta disposición, esta fórmula, coincide con los *cuatros* que Ruth El Saffar (en el esplendor de su etapa jungiana) ve para todo el *Persiles* (y aun para todo Cervantes), pero, asimismo, coincide con los *cincos* que El Saffar parecía estar viendo después,[3] e incluso coincide con determinados *treses* que tuve que incorporar a mi comenzada investigación tras la oportunísima anotación del profesor Friedman. En efecto, tras los cuatros primitivos de El Saffar se esconde la obsesión de un claro término ausente. Pero si esa obsesión da la bienvenida al término ausente cuando éste viene a romper un desequilibrio (cuando se desarma el amenazador triángulo girardiano con el "cuarto término"), esta obsesión es aún más angustiosa cuando el paradigma originario (n) parece ser algo ya completo o equilibrado, que el término ausente vendría a desequilibrar. Un ejemplo, que, además, casualmente es la geometría de una geografía, que habla de *norte*, como aquí se va a hablar más tarde,

---

[3] En una comunicación personal, realizada en un cambio de impresiones acerca del alcance exacto que Ruth El Saffar quería para su número cuatro, fue ella quien me dijo (cito exactamente) "ahora veo cincos por todas partes." Ahí quedó la cosa, luego enfermó Ruth gravemente, dejando entre las cosas muchísimo menos importantes la elaboración sobre esos *cincos*, que, acaso con mi fórmula quedaran compaginados con los *cuatros* anteriores, y más tarde, Ruth se nos fue rápida y cruelmente, impidiendo así, definitivamente, toda compaginación de cuatros y cincos: toda posibilidad de que las cuentas *cuadraran*. Maldita sea tal demostración de la inexpugnabilidad de "mi" número siempre impar sobre "su" bella cuadratura. Ante esa inexpugnabilidad, Ruth sacó la espada y resistió, contra toda esperanza de victoria. Le hizo pagar cara al enemigo su conquista.

puede aclarar esto. Entre las numerosas estructuras paradigmáticas que existen, es sumamente rica y generadora de significados totalizantes posibles la de los cuatro puntos cardinales (aquí, para mi fórmula, $n=4$). Las antiguas culturas nahuas basaban toda su cosmoteología en este paradigma. Existían los cuatro colores de Tezcatlipoca, por ejemplo, asociados con los puntos cardinales, y asimismo existían los cuatro soles, que eran las cuatro edades del mundo, y hasta una casuística que hacía que de Oriente viniera algo distinto que de Occidente (vivos y muertos), y que Hernán Cortés a su llegada fuera inevitablemente inserto en esta cosmología, que, al venirse abajo por el hecho brutal y poco celeste de Cortés, arrastró consigo a toda la civilización. Pues bien, para estas culturas existe asimismo *el quinto sol*,[4] la quinta edad, el quinto punto cardinal, que, igual que para los científicos que hablan de la cuarta dimensión (aquí, como es lógico, $n=3$), no puede ser señalado al mismo nivel de conocimiento que los otros, sino que tiene que ser trascendida la totalidad, el universo ya lleno hasta los topes por el paradigma anterior. El resultado, como todos sabemos, es la pirámide. Su cumbre es el lugar del quinto sol, porque geométricamente esa forma piramidal cumple con los requisitos de ese término ausente: la de equidistar de los presentes, pero estar en un plano diferente al de ellos.

La alegoría de los cuatro bárbaros, brevemente asumida, es la siguiente: al nacer, el hombre está sujeto (las ataduras de Periandro) a las tres sujeciones clásicas: *Natura, Fortuna y Amor*. Estas ataduras (podemos llamarlas "las pasiones," introduciendo así una lectura tropológica –véase el capítulo *Analogías*) llevan al hombre a la deriva, sin otra dirección que la del cuarto término, ese invento renacentista que se añade al paradigma clásico: el *tiempo*. Ya en el mismo comienzo de *La Galatea* se establece ese esquema de *Natura-*

---

[4] Véase Henri Lehmann *Las culturas precolombinas*. También Alfonso Caso *El pueblo del sol*. Para una antología de textos nahuas que se refieren a esto, puede consultarse Miguel León Portilla *De Teotihuacán a los aztecas*. He de notar aquí que, junto a este "escape hacia arriba," ese "salirse por la tangente" que implica ese *quinto*, los mismos pueblos mesoamericanos colocan la mitología basada en el *coatl*, el *cuate* del México moderno, que tiene que ver con sacrificio, muerte y renacimiento, como tantos otros mitos de *gemelos* (Esaú y Jacob, Rómulo y Remo) por una parte y *redentores* (Osiris, Cristo) por otra. De cómo se integran la idea del *quinto sol* en cuanto a prolongación del tiempo y la del *coatl* sólo puede dar buena cuenta una teoría como la de Girard, que integra religión, sacrificio, el *doble* y la violencia.

Fortuna-Amor+Tiempo.[5] El cuarto bárbaro es alegóricamente el tiempo, que mueve a las otras tres fuerzas, que es cualitativamente tan distinto de ellas como para haber sido, para los griegos, el ente anterior a todos los dioses: *Cronos*. El tiempo, ente vectorial si los hay, irreversible, unidireccional. El *Persiles* comienza *in medias res*, en un intento de circularidad regresiva; en un intento de poner lo pasado después de lo presente. El primer capítulo del *Persiles* es igualmente redondo y acabado. Alegóricamente Periandro nace y Periandro muere y renace. Pero eso son meros *epiciclos*. Como lo son los aparentes retrocesos de los planetas en sus órbitas. En el fondo, los planetas están obligados a seguir su órbita, a seguir su tiempo. El tiempo es ese término (en este caso cuarto término) distinto e inaprehensible. Su iconografía es la del bárbaro con la flecha. La flecha apuntada contra el hombre, pues el tiempo trabaja siempre contra el hombre, ya porque le va restando días de vida inexorablemente, ya –y esto es aún peor– porque se los va sumando en forma de *tiempo adquisitivo*, es decir, de *haberes* y *debes* (que a tal cosa son reductibles los llamados *deberes*) en una contabilidad teleológicamente significante sólo en su momento de *suma total*.[6] Y la flecha, no es sino el más viejo de los símbolos del tiempo, hasta el punto de que las matemáticas representan al vector (esto es, a la recta unidireccional, irreversible e inambigua en su dirección) con una flecha. Las agujas de los relojes son también flechas trabajando contra el hombre, como en aquella famosa película de Harold Lloyd en que queda el protagonista colgando de la aguja de un reloj que va inclinándose inexorablemente hacia la perdición y caída al abismo de quien en ella se sustenta.[7] El tiempo no actúa, como sí actúan las tres fuerzas clásicas. Pero el tiempo planea sobre ellas inexorablemente. Para Einstein, el tiempo es la cuarta dimensión; para Kant, uno de los condicionantes o formantes básicos del ser humano (creo que lo llamaba "forma a priori de la sensibilidad interna"). Y para el novelista que se está muriendo, el enemigo implacable de toda estructura.

---

[5] "Esto cantaba Elicio, pastor en las riberas del Tajo, con quien naturaleza se mostró tan liberal, cuanto la fortuna y el amor escasos, aunque los discursos del tiempo, consumidor y renovador de las humanas obras, le trujeron a términos que . . ." (16). Muy pertinente es la nota de Avalle-Arce a esa misma página: "naturaleza, fortuna, amor y tiempo: aquí están, como en cifra, los móviles de la pastoril."

[6] Véase *Mientras no cambien los dioses, nada ha cambiado*, de Rafael Sánchez Ferlosio, con su corolario, "La mentalidad expiatoria."

[7] No es coincidencia que Hollywood, que suele plagiarse a sí mismo, haya usado la misma imagen en una película sobre el tiempo en sí: *Back to the Future*.

Esta estructura de los cuatro bárbaros (*3+1*) es la primera de tales estructuras *n+1* que encontramos en el *Persiles*. No será la única. Además de una Gran Estructura *n+1* condicionante de toda circularidad, sometedora del libro a una vectorialidad indefinida, que se explorará a modo de (in)conclusión en los capítulos *Rectificaciones* e *Is there a Woman in this Cave?*, además de tal macroestructura, encontramos microestructuras de la forma *n+1* por doquier. Sin ir más lejos, sin abandonar no ya el capítulo primero del *Persiles*, sino ni siquiera el párrafo citado de la balsa y los bárbaros, se puede encontrar otra estructura *n+1*. Está construida a modo de subestructura de la ya comentada *3+1* (en términos cosmográficos, de *epicicleta*): una vez distribuidos los bárbaros en *3+1*, el texto deja claro que de los 3 que "asieron de tres palos," "el uno se puso a ser timonero, y los dos a encaminar la balsa a la otra isla," es decir, el nuevo *n* (el 3 en este caso) es, a su vez, descompuesto en *2+1*. Es tan constante ese separar asimétrico, ese dejar el 1 de un lado y lo demás del otro, que hasta con un *n* indefinido se emplea la misma fórmula, apenas unas líneas más abajo:

> los leños de la balsa se desligaron y dividieron en partes, quedando en la una... el mancebo... (53)

Sin decírsenos en *cuántas* partes se dividió la balsa (o sea, sin realizarse *n*), aún se separa el 1 de todo lo demás a la hora de des-componer la totalidad. En la deconstrucción cervantina, el 1 parece ser agente activo e inescapable. Huelga decir que el párrafo citado contiene, asimismo, otra estructura *n+1*, en este caso *4+1* (la representada por Periandro en el centro y a un lado de la suma, y los 4 bárbaros rodeándole, al otro), y que aún hay en el capítulo una estructura *4+1* adicional que también hemos citado ("él [Corsicurbo] y los cuatro bárbaros").

Tan insistente fórmula estructural responde a la estética más manierista posible en el sentido de aceptar los paradigmas renacentistas, pero estar insatisfecha con ellos. Si esto es cierto, acaso no fuera ocioso ahondar en el *Persiles* desde el punto de vista, hoy un tanto olvidado, del manierismo, tal como nos lo definía Arnold Hauser.[8] Un Cervantes manierista acaso esté mucho mejor definido

---

[8] Es decir, como crisis irreversible del humanismo (tan irreversible, que a partir de ella sólo hay ya modernidad), como tensión constante entre opuestos (naturalis-

que un Cervantes barroco o clásico. El manierismo implica una manera de *figuración* radicalmente distinta, y acaso poco comprendida. El caso del Greco ilustra el problema: como parentético entre un renacimiento y un barroco que "pintan la realidad que se ve," el Greco, epítome del manierismo, sólo se comprende modificando el concepto de realidad. De la misma manera que el Greco alargaba las figuras por insatisfacción con los paradigmas y cánones tanto de la naturaleza como de la estética en ella basada, ese *uno* sobrante del texto del *Persiles*, ese bárbaro que, sin realmente hacer nada (sólo apunta la flecha, jamás hace amago de dispararla, y ni siquiera se ve cómo pueda ser necesario ese apuntar, ya que Periandro va atado) no sólo está presente, sino que se coloca casi en primer plano de la escena, es un escorzo, un intento de alcanzar el elemento siempre ausente de una totalidad (véase el capítulo *Analogías y figuraciones*). La totalidad alcanzada es quietud ("sólo pueden *parar* en Dios como en su centro") –subrayado mío–. Pero estamos en el primer capítulo de la novela, y no en el último. Se ha efectuado un ciclo completo (no una alegoría de amor, sino alegoría de vida, con mis respetos para Diana Wilson), pero ese ciclo es sólo un epiciclo, un avatar. La órbita, que es un periplo, que es un peregrinaje, una traslación, sigue.[9]

Retomando el hilo de lo dicho, diré que coexisten en el periplo vital de Periandro –su periplo grande, o sea, el libro entero, y su periplo pequeño, o sea el primer capítulo– dos geometrías: una, la representada por el *2+2* de las abundantes cuadrículas simétricas (estudiadas sobre todo por Ruth El Saffar y Casalduero), y otra, la representada por ese *3+1* de los remeros (la estudiada por mí). Creo

---

mo y formalismo, razón y sinrazón, sentidos y espíritu, etc.). El manierismo, según Hauser, tiene el refinamiento narcisista de mirarse en espejos que previamente él mismo ha fabricado *ad hoc* para asegurar una imagen bella de sí mismo; adolece de intelectualismo, según el cual, sus construcciones son mentales y simbólicas; se obsesiona con lo extraño, lo extravagante, lo maravilloso . . . El barroco, en toda su autocontradicción, aún se atreve a afirmar y dogmatizar; el manierismo, en toda su herencia clásica, pone en duda, pero no expulsa; supone, pero no está seguro; tiene en los labios una respuesta más parecida al "sí, pero" que al "sí," o al "no." El Manierismo es, en palabras del propio Hauser, un estilo clásico, pero privado de ingenuidad, lo que le hace ser, siempre según Hauser, la primera orientación estilística moderna. (Véase Hauser *El manierismo* y también *Historia social* vol. 2 11-21).

[9] Este sería el lugar de una disquisición acerca del símbolo de la quietud y el símbolo del movimiento: el 1 y el 0. Tal disquisición sería demasiado larga, por lo que ciertamente tendría de "irse por las ramas." En dos lugares distintos me ocuparé de ello: en el capítulo 5 y en el apéndice 2.

oportuno aclarar aquí que la posibilidad de ordenar el mundo según lo que esquemáticamente he llamado *n+1* y la posibilidad de ordenarlo según otros esquemas (acaso una buena fórmula para ellos sea *n/2+n/2*) no se excluyen. Al contrario: el que los 4 bárbaros sean un caso claro de 3+1 no elimina el hecho *simultáneo* de que siguen comportándose como 2+2. Por ejemplo, si imaginamos la balsa rectangular o cuadrada, con Periandro en el centro, dos de los bárbaros están respectivamente a babor y a estribor, y los otros dos, a proa y a popa, con lo que queda establecida la forma 2+2 gracias a la presencia de dos ejes perpendiculares. Esta oposición incluye un elemento que hace al conjunto escapar a la circularidad (que sería la equipotencia u homologación de ambos ejes entre sí), ya que uno de los ejes –el de proa a popa– posee la *direccionalidad* de que el otro carece. Por más que la balsa sea cuadrada, avanza en una dirección: precisamente aquella en que están situados el "timonel" y la flecha, metáforas vectoriales, si las hay. Pero si bien esa direccionalidad será determinante, a la postre, para decidir si el último reposo es posible o no –véanse las (in)conclusiones–, la balsa de los dos ejes perpendiculares es, cuando menos, simétrica en su geometría estática, en su ser, si no en su existir. Su fórmula 2+2 es la fórmula 2+2 de toda cuadrícula que aspira a circularidad. Coexiste la balsa de 2+2 bárbaros con la balsa de 3+1 bárbaros. Casi diríamos que coexisten las dos contabilidades del comerciante inescrupuloso: la que *cuadra*, que se entrega a Hacienda, y la que *no cuadra*, que se encierra en la caja fuerte. Ambos epistemas (llamémoslos así) dan lugar a sendas lecturas.

Mas si hay una geometría de doble rostro, habrá una geografía de iguales características. En efecto, si hay un caso arquetípico de la distribución 2+2 de la totalidad, es el de los puntos cardinales, colocable al lado de las estaciones del año, los cuatro elementos clásicos, los cuatro humores corporales... El eje norte-sur se opone al eje este-oeste en formas tan icónicas como lo muestra cualquier elemental rosa de los vientos. La figura + se impone con obviedad. Para y desde un observador dado (el centro), norte, sur, este y oeste son los puntos de esa combinación de 2 ejes, separados uno de otro por exactamente 90 grados. Pero igualmente se pueden definir los puntos cardinales de manera que su distribución nos dé la figura 3+1, y sin tan siquiera cambiar de punto de vista (es decir, sin que los 4 puntos cardinales dejen de ser vistos por un observador dado). Ya la brújula es una inquietante amiga de la rosa de los vientos. La brújula, si en su esfera tiene la simetría de la rosa, privilegia a un punto siempre: al norte, que es a donde apuntará siempre la aguja. Si en un mapamundi la llamada *proyección ortogónica* (o *cilíndrica*) quiere ser *imago mundi* de un planeta de cuadrados y ángulos rectos (donde *norte* es tratado exactamente como *sur, este* y *oeste*; donde los cuatro puntos cardinales son sólo las puntas de los ejes de simetría del cuadrado), la llamada *proyección cónica*, su clásica competidora, sería *imago mundi* de un muy distinto planeta: uno donde el *norte* sí tiene un privilegiado lugar. Cuando la cuadratura de los puntos cardinales se resquebraja por algún motivo (porque la aguja de la brújula prefiera obsesivamente a uno de los puntos, o una estrella se mantenga tozudamente fija el año entero), siempre va a ser el Norte el elemento díscolo en la geografía de los cuatro puntos. Durante el día, Este, Sur y Oeste se definen como puntos de una misma línea: la ruta solar: de dónde sale, dónde está al mediodía y por dónde se pone. Norte, en cambio, está fuera de ese círculo solar. El sol nunca visita el norte. Sigue siendo el norte el anti-sur, pero ha quedado cualitativamente separado de los otros tres. De noche, en cambio, y no de día, como a sus "hermanos," es cuando podemos definir al norte de forma positiva como precisamente el punto fijo, el apoyo del *axis mundi* en que pivota todo el universo. Cierto que en tiempo de Cervantes se conocía el cielo austral, con el fenómeno de inversión de los movimientos celestes, pero eso no hace del sur un equivalente del norte, porque precisamente para afirmar que el sur se comporta como el norte hay que desplazar al observador desde el que y para el que el norte se comportaba así: yéndonos al hemisferio sur tenemos otra estructura 3+1, esta vez con el sur como elemento heterogéneo, pero no hemos reparado con nuestro traslado la "avería" que había en la nunca lograda simétrica cuaternidad. Es el *Persiles Historia septentrional*, es decir, girando en torno al norte, buscando al norte, saliendo del norte en lo alegorizante para llegar al norte en lo alegorizado. El norte es fiel guía, pero permanece para siempre fuera de la órbita, lejos de todo astro, por muy dorado que sea (Auri-Stella). El Norte es el Uno, siempre presente, siempre díscolo en su relación con *n*. Junto a una doble geometría del *Persiles* hay una doble geografía del *Persiles*, cifrada en las dos caras del Norte, como elemento de la más perfecta de las simetrías, o como símbolo de la más perenne de las ausencias. Ambas caras, como el famoso dibujo de la mujer vieja/joven, se le imponen al geógrafo, o al marinero, como necesarias, contrarias y hasta copresentes. Si bien nunca son operativas en estricta simultaneidad, se sabe que la que está ausente, con todo, *está*: está ahí, agazapada, mientras la otra manifiesta todo su poder y su pretensión de totalidad que relegaría a la rival a la nada. El rostro escondido del otro Norte, como el dios jansenista que nos enseñó Goldmann, es, casi, lo exactamente opuesto a inexistente. Por eso, en el *Persiles*, tan lleno de cuaternidades, tras la serenidad está el conflicto oculto, y tras éste asoma –a veces lo que se esconde se esconde mal– la calma. Tras el Aristóteles incontestable, indudable, del *Persiles* se descubre el Ariosto más furioso.

En el centro de toda clave interpretativa del *Persiles* ha de estar ese Norte (ese *archinorte*, podríamos decir) que se introduce en el texto desde el título mismo. Todos los niveles, desde el literal, lleno de viajes en barco y, por tanto, de marineros buscando el norte, hasta el alegórico, o el anagógico, tienen al Norte como elemento clave. Hasta el complejo discurso platónico sobre la gran cadena del ser está mediatizado en el discurso cervantino por la gran imagen cósmica en la que el Norte es ausencia, centro, origen, meta. La centralísima frase que citamos al comienzo de este libro ("nuestras almas están en continuo movimiento y sólo pueden parar en Dios como en su centro"), se repite varias veces en el *Persiles*, siendo, en estas versiones o variaciones de la frase, intercambiables las palabras *centro* y *norte*. Así, si en la versión del mismísimo centro de la novela (página 275 de la edición de Avalle-Arce) aparece "centro" en relación de oposición con esas "almas en movimiento," en la página 170 se encuentra esta "variante":

> y sé bien que nuestras almas están siempre en continuo movimiento, sin que puedan dejar de estar atentas a querer bien a algún sujeto a quien las estrellas las inclinan . . .

O sea, atentas a un punto fijo, como la aguja de una brújula: atentas al *norte*. La frase central del *Persiles* se une, pues, al igualmente centralísimo subtítulo del libro (*Historia septentrional*) apuntando a ese centro inmóvil como un marinero apunta a esa Estrella Polar inalcanzable. Dado que *norte* es, asimismo e inescapablemente, miembro del paradigma cuaternario de los puntos cardinales, la estructura 3+1 es inevitable como figura geométrica de una geografía inescapable. La búsqueda del Norte (o sea, de los orígenes, como querría Platón, pues del Norte vienen –de la "última Thule," "debajo del mismo Norte"), que es el Centro, que es Roma (que es "el cielo de la tierra"), es también la búsqueda de todo lo ausente, de ese *cuarto término* que tan certeramente supo ver Ruth El Saffar, de la mujer que no estaba en la cueva de Corsicurbo, del Uno a la vez manifiesto y escondido.

CAPÍTULO 4

ANALOGÍAS Y FIGURACIONES

> Un dios desconocido que hace callar todo
> pensamiento porque está más allá del ser
> (Michel de Certeau)

> Mira que la dolencia
> de amor, que no se cura
> sino con la presencia y la figura
> (San Juan de la Cruz)

> De lo que no se puede hablar, mejor es callarse
> (Ludwig Wittgenstein)

El carácter alegórico del *Persiles* es una de sus características más permanentes, más atrayentes, más inescapables. Sin ir más lejos, Forcione, en su *Cervantes' Christian Romance* es eso lo que propone;[1] sobre una alegoría de la alegoría en el prólogo del *Persiles* versa un reciente trabajo de Avalle-Arce,[2] que así competiría con Casalduero (que para Forcione representa un extremo de la interpretación alegórica), y a estos trabajos se suma el reciente *Allegories of Love* de Diana de Armas Wilson. Mas mi contención aquí será, por una parte, que acaso sea provechoso adoptar sesgos diferentes de la idea de alegoría (como los de Paul de Man o Michel de Certeau),[3] y por otra, que hay que ver la alegoría del *Persiles* como uno de los aspectos de interpretación tradicional, aquel que se reúne junto con la *literalidad, tropología y anagogía* en una concep-

---

[1] "As I am proposing an allegorical reading of the *Persiles* . . ." (51).
[2] "*Persiles* and Allegory."
[3] Certeau, *La Fable mystique* (sobre todo 121 y ss.), y de Man, "The Rhetoric of Temporality."

ción agustiniana de la *analogía*, exactamente como para los textos sagrados funcionaba en la Edad Media.[4] Este cuádruple espesor de los textos –y no sólo de los textos sagrados– es fundamental para comprender la obra de un Dante o el cuadro de *El jardín de las delicias* del Bosco. Por más que el gran sabio aquinate recomendara no extrapolar más *sensi* que el literal, y, acaso, el alegórico a las obras profanas, nos consta el desacuerdo del mayor alegorizador –Dante–,[5] y queda siempre de nuestra parte el argumento de que si Santo Tomás está en desacuerdo con la práctica es porque la práctica existe. Un cuadro como *El jardín de las delicias* –para no hablar de la *Divina Comedia*– requiere de explicaciones que van más allá de la alegoría. Es obvio el *sensus literalis* (por ficticio que sea): en el infierno hay monstruos y monstruosidades. Es igualmente obvio y ha sido ampliamente estudiado el carácter moralizante, fruto directo del *sensus tropologicus*. Mayor erudición y conocimiento de la gramática de signos y emblemas requiere la visión del cuadro como alegoría, pero donde tal vez esté la fuerza inigualable y la modernidad –o eternidad– del tríptico es en su llamamiento a grandes voces a ser leído místicamente, es decir, según el *sensus anagogicus*.[6] Además, es muy posible que el paradigma cuádruple de los *sensi* sea representativo de *todo* el sentido posible en un sistema hermenéutico que quiere a la significación plural, pero no ilimitada. Así, por ejemplo, Fredric Jameson ve en el viejo sistema una poderosa herramienta abarcadora de los polos *posibles* de estructuración del discurso, en cuanto a su significación, a su semiosis: "lo privado y lo público, lo psicológico y lo social, lo público y lo político."[7]

En el caso del *Persiles*, es posible una lectura cuádruple desde el primer capítulo. Forcione alude a la posibilidad de tal lectura (*Christian Romance* 32) refiriéndose a los sentidos anagógico y tropológico, pero no insiste en ello, a pesar de que reconoce que el propio texto del *Persiles* ofrece nada menos que un sumario de los *sensi* tradicionales según los cuales debe leerse el mismo *Persiles* (106). Quien hace una lectura así, acaso sin pretenderlo, es Casalduero. Cito de su página 281:

---

[4] Véanse los trabajos de Caplan y Lubac citados en la bibliografía.
[5] Véase Umberto Eco, *The Limits of Interpretation*.
[6] Una maravillosa lectura desde esta perspectiva ha sido hecha por Michel de Certeau en *La Fable mystique*.
[7] *The Political Unconscious* 31. Jameson da un interesante cuadro de estas polaridades en relación con los cuatro *sensi*.

Argumento. Historia de un segundón que con la protección materna logra suplantar al primogénito.
Tema. La historia de la humanidad y del hombre vivida en el presente.
Sentido de la novela. En medio del dolor y de las tentaciones del mundo, guiados por la virtud, depurar nuestra fe para alcanzar el triunfo de la paz, para llegar al puerto seguro. La victoria es la paz.
Cervantes presenta el procedimiento . . . [sigue aquí Casalduero con una numerología del *Persiles* basada en las cuaternidades como 2+2].

Argumento, tema, sentido y la numerología que sigue (*Arquitectura* la llama Casalduero en otro lugar de su libro), ¿qué son sino los cuatro *sensi* tradicionales? ¿No son, acaso, respectivamente, las lecturas *literal, alegórica, moral* y *anagógica* del libro?

En lo que respecta al primer capítulo, estamos ante una obvia alegoría del nacimiento (del parto, si me hacen caso a mí), pero ese carácter alegórico no elimina la literalidad: paralelamente a Periandro "naciendo" está Periandro siendo sacado de la cueva. Para afirmar que la novela comienza *in medias res* hemos de ceñirnos al *sensus literalis*, pues si nos ceñimos al *allegoricus* tenemos un comienzo *ab ovo*. Asimismo, tenemos un *sensus tropologicus*, una receta de conducta contrarreformista basada en este caso en el sacramento adscrito al nacer (el bautismo) expresado en las palabras de Periandro "cristiano soy," y un *sensus anagogicus* que, además de en los aspectos señalados por Forcione, se basa en la especial geometría de que hicimos mención en otro capítulo.

La alegoría es un procedimiento nada nuevo en Cervantes, que en el *Persiles* se extrema en perfeccionarse. Para ello, tiene que ser definida y puesta en práctica no como un vago semisigno parecido a "metáfora," sino con la precisión requerida por la epistemología y la retórica, que son los dos campos que de la alegoría se ocupan.

Epistemológicamente, la alegoría, más bien la *alegoresis*, se coloca en el conocido esquema agustiniano de la *analogia*, que es idea sorprendentemente moderna por cuanto supone de carencia, de sustitución. El conocimiento analógico es conocimiento de sustitutos. No recibimos el objeto de conocimiento, sino algo análogo. Es obvio aquí, como en muchas otras partes, el platonismo de San Agustín. Conocer no es el producto de un dar, sino de un *enseñar*, en el doble sentido que en español tiene la palabra (*show* y *teach*;

mostrar y aleccionar). Desde este punto de vista, lo literal es uno de los *sensi*, pues enseña, es decir, muestra algo. Desde este punto de vista se equipara ese enseñar de lo literal con el enseñar de lo tropológico o moral (la moraleja de la historia, lo que la historia enseña es que . . .). Lo alegórico tiene que ver con un tercer sentido del enseñar: el pedagógico. Este es el sentido del *exemplum*, instrumento por antonomasia del pedagogo, y abuelo paterno (no sé si legítimo o no) de la novela moderna a través de sus descendientes medievales y renacentistas, basados todos en un *enseñar deleitando* que todavía quería pudorosamente encubrir la propensión obsesiva al deleite del texto con un antepasado epistemológico. El *sensus anagogicus* se basa en un enseñar supletivo del objeto inenseñable por antonomasia. Enseña siempre dejando un hueco que se confiesa a sí mismo illenable. Esto es lo místico, y la razón principal de que un Santo Tomás tuviera que desaconsejar, si no prohibir, tal *sensus* en la obra profana, ya que lo inasible, lo innombrable, sólo puede ser Dios, o (de forma inaceptable para el dominico) Dios se convierte en sólo uno de tantos objetos de conocimiento incognoscibles directamente.

Retóricamente, la alegoría (no *alegoresis*, sino casi todo lo contrario, ya que *alegoresis* es un proceso de búsqueda del significado de un signo ya dado, mientras la *alegoría* retórica es la búsqueda de un signo que signifique un significado preexistente) se sitúa dentro del conjunto de figuras de pensamiento, en un puesto paradigmático adyacente al del *símil* y al de la *metáfora*. Su carácter de "metáfora continuada" no deja de presentar problemas prácticos nacidos de esa "continuidad." El más obvio de todos es el de la linealidad, la sucesión, el tiempo.[8] Propiamente, no se puede hablar de alegoría estática sino cuando no nos salimos del terreno de lo descriptivo, de lo copresente, es decir, de artes como la pintura, que poseen, frente a la escritura, una obvia solución al problema que ésta tiene

---

[8] Así lo creen Paul de Man y Michel de Certeau, a quienes seguimos. Para de Man, la alegoría es la pieza clave, junto con la relacionada *ironía*, a la que nos hemos de referir irremediablemente más adelante, de la "retórica de la temporalidad" (véase su trabajo homónimo 130 y 131, sobre todo). Certeau recoge la idea para sugerir que, precisamente por esa temporalidad inescapable, el cristianismo adopta la otra cara de la alegoría, como tropo que en sí contiene ese desplazamiento temporal siempre existente entre el nuevo y el viejo testamentos, o entre la primera y segunda venida de Cristo, o entre el pecado y la redención, etc. (*La Fable mystique* 121 y ss.).

de "congelar" la imagen, pero que, en reciprocidad, adolecen del problema que la escritura no tiene: el de la "puesta en movimiento" de las imágenes. Si en artes figurativas toda puesta en movimiento es ilusoria en grado mayor a lo demás, y por lo tanto *artificial* dentro de la artificialidad, en la escritura, toda congelación es igualmente ilusoria y *artificial*. La alegoría es pintable según la convención tradicional (incluso en nuestros días) de la pintura: que el cuadro sea una representación *haplosquemática* y no *palinsquemática*.[9] En la primera convención, no hay historia, sino sólo momento. Podemos deducir, por ejemplo, toda una historia sutilmente, gracias a detalles como los despojos acumulados, las ropas desgarradas, los ojos en estado de cansancio por insomnio, pero no tenemos en el cuadro sino el momento en que van a ser fusilados unos patriotas españoles el 3 de mayo de 1808. Ahora bien, si la alegoría se adapta a veces al estatismo de la pintura *haplosquemática*, no es en absoluto raro que acuda a otro tipo de representación: la representación *palinsquemática*. En esta, se ven en el cuadro varios momentos sucesivos, con repetición incluso de personajes, como en un *comic*, salvo que en el *comic* cada momento ocupa un espacio –una viñeta– diferente, y en el cuadro palinsquemático se usa el mismo espacio para recoger los sucesivos momentos. La tentación palinsquemática –como la tentación del *comic*, o sea, de las *series* y polípticos– es típica de la alegoría casi por su propia naturaleza. Ejemplo clásico es la *Primavera* de Botticelli, que Cervantes "reproduce" en otro lugar.[10] El problema de la traslación de lo pintado a lo escrito y viceversa parece ser una de las obsesiones cervantinas, y esto estaría de acuerdo con la obsesión "enseñativa" del autor del *Persiles*, es decir, su obsesión epistemológica. Ahí tenemos el caso de la aventura del vizcaíno, palimséstica si las hay, una de cuyas versiones es precisamente la descripción literaria de un grabado. Y ahí está, mucho más significativamente, el enorme lienzo donde están pinta-

---

[9] Debo los términos y la idea a Rafael Sánchez Ferlosio, *Las semanas del jardín*, semana primera, 65 y ss.
[10] Véase el excelente ensayo de George Camamis "The Concept of Venus-Humanitas in Cervantes as Key to the Enigma of Botticelli's *Primavera.*" Al parecer, Botticelli deja buena huella en Cervantes, y si hemos de hacer caso al propio Camamis y a Rafael Sánchez Ferlosio (*Las semanas del jardín*, I, 66), Botticelli estaba obsesionado con ese factor de momento frente a espacio en sus cuadros, buscándole soluciones bien sea mediante el recurso a lo palinsquemático, bien mediante las *series* de cuadros, bien mediante ambos procedimientos.

das todas las aventuras de Periandro y Auristela. Este lienzo es la contrapartida al caso de la *Primavera* de Botticelli: allí Cervantes "escribe" un cuadro preexistente; aquí, Cervantes hace a un personaje "pintar" una historia. Huelga decir que, abundando en el carácter alegórico y por tanto lineal del *Persiles*, tal cuadro es palinsquemático.

Una lectura del *Persiles* que incluya el carácter alegórico con estos *caveat*, es decir, con estas puntualizaciones hacia un concepto sumamente puntualizado y distinto en la época, aproxima con mayor precisión no sólo la intención, sino incluso las discrepancias, las lecturas múltiples que se pueden hacer de esta ambiciosa novela, aunque, en cuanto a alegoría según este modelo, nos hallamos forzosamente leyendo una obra de semiosis limitada. Toda semiosis que exceda a esta lectura debe partir de lo que el *Persiles* significa *además* y *a pesar de* la alegoría. Considerándola como una obra no abierta, sino cerrada, aunque no de lectura única, se la coloca en perspectiva, se la *localiza*. Hay que precisar si determinado descubrimiento de significado en el *Persiles* pertenece a una lectura literal, alegórica, moral o mística, y no desanimarse si a otro nivel aparecen elementos discordantes.

Ahora bien, ese paso de alegoría simple a alegoría inclusiva de los modos anagógicos, etc., es difícil de proponer. No sólo porque ya, tras los trabajos de Forcione, Bandera, El Saffar, González, Wilson, Williamsen, etc. es obvio que el *Persiles* es legible desde otros puntos de vista, sino porque, como dice Wilson,

> What hampers our quest for allegory in Cervantes is the lack of any articulate tradition in the Renaissance for the poetic process of crafting a *total* symbolic fiction.... (*Allegories of Love* 53)

Ahora bien: no sería la primera vez que Cervantes se las arregla para hacer algo sin que hubiera una tradición al respecto que le brindara un modelo *completo*. Además, no falta tal tradición, por *parcial* que sea. Veo —y en esto el texto mismo de Wilson me da la razón, aunque sea de soslayo— una clara conciencia por parte de Cervantes de que *alegoría*, además de "metáfora continuada" prescrita por la retórica, es un *sensus* de interpretación, es *alegoresis*, como tal inscribible en el paradigma, en la totalidad del esquema de los cuatro *sensi* de interpretación de la Escritura. Digo que Wilson me da la razón al citar ella misma el texto cervantino, que habla de "*sentido* alegórico" (el subrayado es mío; la cita, de la página 64 de *Allegories of Love*). Cervantes, pues, está al cabo de la calle de algo que no debía ser desusado en la época. Hallar el "significado total" de un texto era, creo, praxis común de teólogos, hermeneutas, humanistas, poetas . . . [11] Así, hermeneutas de profesión que también son poetas (por ejemplo fray Luis de León), y que nunca publican sus poesías, aunque sí sus otros libros, componen estos libros en una forma que obsesivamente quiere ser abarcadora de todo significado posible, incluso recurriendo al efecto de palimsesto.[12] Así son, por ejemplo, *De los nombres de Cristo* y *Exposición del libro de Job*: libros totalmente representativos del renacimiento y de la exegesis bíblica *simultáneamente*, para no hablar de los textos de San Juan de la Cruz, que en prosa explican según los cuatro *sensi* la poesía del propio San Juan de la Cruz. *De los nombres de Cristo* explora el significado *múltiple* de esos nombres, acudiendo incluso a un improbable intertexto virgiliano, que le hace explicar *pastor* no en términos místicos o metafóricos de obvio significado, sino como una referencia a la *vida pastoril*, exactamente en los términos de la literatura del género. *Exposición del libro de Job* contiene la traducción en prosa más la traducción en verso, más la "versión" en verso, más el comentario propiamente dicho. Cada una de las paráfrasis tiene lo que no tienen las otras, lo recuperado contra la pérdida de la traducción. Sólo con todas ellas juntas se *recobra* el significado *total* del libro de Job.[13] Sí existe, por lo tanto, al menos parcialmente, una tradición, y hasta unos textos, en español, con suficientes características *totalitarias* en su alegoresis como para ocupar el lugar donde Wilson los echa de menos.[14]

---

[11] Por ejemplo, el diploma de Petrarca, el que le autoriza a ejercer "tam in dicta arte poetica quam in dicta historica arte," se refiere a la actividad del *poeta* como "legendi, disputandi atque interpretandi veterum scripturas et novas a seipso" (Paul Oskar Kristeller, *Renaissance Thougt* 109 y nota 54). Si la praxis del poeta es –tanto o más que "scribendi"– "legendi, disputandi atque interpretandi," es obvio que toda alegoría debe comportar una alegoresis, dado el abrumador peso –casi el monopolio– hermenéutico de la tradición escritural.

[12] Que, curiosamente, sería al manuscrito "normal" lo mismo que el cuadro palinsquemático es al normal o haplosquemático.

[13] Hablo de esto más extensamente en *El poemario de Fray Luis de León*.

[14] Deben contarse aquí también como pertenecientes a esa intertextualidad cervantina los italianos, de los que, como ampliamente muestra Avalle-Arce ("*Persiles and Allegory*" 10), hay ejemplos abundantes en cuanto a prescripción, uso y hasta abuso de la alegoría.

Quiero con todo esto insistir en que, junto a las lecturas del *Persiles* que trascienden o prescinden de su carácter de alegoría, la lectura que tiene en cuenta ese carácter es no sólo posible, sino imprescindible, como en el psicoanálisis es imprescindible la comparación entre todo fragmento de subconsciente que se haya llegado a entrever y las manifestaciones externas, incluso de *denegación*, que simultáneamente se manifiestan.

La cuádruple y clásica lectura *analógica* corresponde, además, a la geometría de $n + 1$ descrita anteriormente. El sentido literal es cualitativamente diferente de los otros tres, pues es el único literario (tantos años después de *Tel Quel* no creo que sea necesario insistir en esto). Del *sensus literalis* se derivan los otros tres, pues lo que se interpreta (alegórica, anagógica o tropológicamente), se interpreta a partir de algo. Y es este *sensus* básico, el proveedor de la materia prima de los otros, la condición *sine qua non* de ellos, el que admite la ficción como cosa diferente a la mentira.[15] Un juego peligroso en este esquema de interpretación, y que los teólogos tienen muy presente a la hora de evitar herejías, es el de derivar un sentido (moral, por ejemplo) de otro sentido (místico, por ejemplo). Algunos protestantes insisten en la literalidad de la Biblia pensando, sobre todo, en esta característica. De alguna manera, ese exterior puro más allá de lo místico, esa *otredad* absoluta, está contenida en la literalidad de las palabras, hasta el punto de que no se pueden éstas cambiar. Los discursos alegóricos, místicos, morales, son virtuales, en cuanto a que son de los intérpretes. Ninguno de ellos es "palabra de Dios." Hasta los católicos han renunciado a decir que la homilía (al contrario que la Epístola o el Evangelio) sea palabra de Dios. Y aun admitiendo la infalibilidad del Papa, no se ha dicho nunca que su palabra, incluso su palabra *ex catedra* sea palabra de Dios.

---

[15] En efecto, no puede haber ficción alguna en el *sensus* alegórico según el cual Jonás en el vientre de la ballena representa a Cristo en el sepulcro, ya que se supone *verdad* que Cristo estuvo en el sepulcro y que de él salió, etc. Ahora bien, el *sensus literalis* del episodio es más debatible. A veces se le llama *sensus historicus*, para hacer recalcar que el episodio de Jonás significa (en sentido literal) que real y verdaderamente hubo un hombre llamado Jonás quien, tras tragárselo un pez gigantesco fue devuelto sano y salvo. Creer en eso, como creer literalmente en los milagros, es el lado *histórico* de este sentido literal. Ahora bien: ¿qué ocurre si se demuestra que, por ejemplo, no existió Job? ¿Es determinante su carácter de personaje histórico o personaje de cuento, a la hora de que los sentidos alegóricos, morales y anagógicos de su narración sean verdaderos o no? Fray Luis de León, por ejemplo, se plantea ese problema, llegando, como otros, a la conclusión de que *historicidad* no es *literalidad*.

La visión de la alegoría cervantina expuesta aquí descansa en el principio de perfección intentada que atribuimos a Cervantes. Tal es su principio. Mas su resultado no deja de arrojar sorprendentes aspectos. Visto el *Persiles* de esta forma, constituye, además de un texto *alegórico*, un texto de *alegoresis*, en lo que estas palabras se oponen, y con vocablo que he venido tomando de la línea de pensamiento del gran libro de Diana Wilson. Siendo la alegoresis una forma de interpretar, y no de escribir (y doy "interpretar" y "escribir" en su sentido más tradicional, antederrideano e incluso antesaussuriano), es decir, siendo *allegoria, anagogia, literalitas, tropologia* sentidos de interpretación, estructurados de forma que de la literalidad parten piramidalmente los otros tres, el texto del *Persiles* se construye, en la medida en que es *alegoría,* como una *dealegoresis*, el procedimiento inverso a la alegoresis. Un texto *dado* (la Biblia, por ejemplo) se interpreta para generar sentidos alegóricos, anagógicos, etc. Aquí lo que tenemos *dado* son precisamente esos discursos, es decir, las explicaciones de la existencia humana dadas por la Iglesia Católica.[16] Lo que falta es precisamente ese cuarto término del cual parten dichas explicaciones, es decir, falta el texto legible literalmente del cual se extrapolen los sentidos alegóricos, anagógicos, morales. Cervantes tiene los significados; le falta el significante, que tiene que construir. Cervantes tiene los alegorizados, los anagogizados. Le falta el anagogizante, el alegorizante. Debe construir un texto cuya interpretación ya existe. El cuarto término, el ausente, el siempre ausente, es el texto como imagen fiel de lo que es. Es el sino imposible de toda alegoría, como decía Paul de Man[17] –su *trabajo* de Sísifo más que de Hércules, diría yo–, el de re-

---

[16] Aquí estoy siendo ultra-forcionista, casi casalduerista, en el sentido de limitar al discurso católico la interpretación del *Persiles*, pero tomando como "discurso católico" la noción de una explicación de todo el universo como proyección macrocósmica del universo humano.

[17] Me refiero aquí a la imaginería específica del cero y el uno de la que hablé en el anterior capítulo, sacada de "Pascal's Allegory of Persuasion," y a la que me refiero también en el capítulo 5 y en el apéndice 2. Dice de Man: "Why is it that the furthest reaching truths about ourselves and the world have to be stated in such a lopsided, referentially indirect mode?" (2). Debo añadir aquí unas palabras de Gracián de inaudita semejanza con las de de Man: "Las verdades que más nos importan vienen siempre a medio decir" (13). Este pensamiento de de Man (ya prefigurado en Gracián) es paralelo a este otro de Girard: "C'est là, en particulier, où le besoin de comprendre est le plus intense et le plus urgent que les explications proposées sont les plus byzantines, dans le domain du religeux" (*La violence et le Sacrée* 57). Si para de Man lo fundamental es inexplicable, y se deja a la alegoría (el

ducir a cero lo alegorizado, en términos de presencia. Cervantes intenta fotografiar ese cero, darnos su substituto más parecido, más parecible. Sabemos –y al saberlo hemos dejado de saber algo– que los signos son signos de signos, y que el juego de la significación descansa en ausencias vertiginosamente movibles. Para Paul de Man, "the prevalence of allegory always corresponds to the unveiling of an authentically temporal destiny" (*Rhetoric of Temporality* 190). La alegoría "designates primarily a distance in relation to its own origin . . . establishes its language in the world of this temporal difference" (191). De Man, en su ensayo ya clásico –del que, aunque por distintas razones, se hace eco también Wilson (*Allegories of Love* 47)–, ensayo que parecería estar escrito a propósito del texto cervantino, casi más que de los textos mencionados por de Man, define la alegoría, el "modo alegórico" en íntima conexión, inescapable, con la temporalidad, para distinguirse de un modo atemporal o "simbólico," y para, concomitantemente, relacionarse estre-

---

modo del *Persiles*), como de antiguo se dejaba lo inefable al lenguaje místico –a la *fable*, como bien lo llamaba Certeau–, para Girard lo inexplicable que se pretende explicar es *bizantino*, el *género* del *Persiles*. Pero el pensamiento de de Man que tengo en mente para este capítulo es el seminal "The Rhetoric of Temporality," cuya lectura recomiendo encarecidamente al lector por venir *como de molde* a los textos cervantinos, aunque de Man no los mencione. En cuanto a la pasmosa coincidencia del texto de Gracián, invito a quien conozca los textos del jesuita mejor que yo a meditar sobre ella, y sobre el hecho de que es precisamente Gracián el autor de la gran novela alegórica española por antonomasia (*El Criticón*). Una última observación: no se me escapa lo ideológicamente "cargado" de Paul de Man (entre lo que él se cargó y lo que le cargaron los demás), y en ningún modo he de aproximarme a Cervantes, ni a mí mismo, en favor de un "perdón" por ciertos hechos ("trabajos" más que palabras) imperdonables. Tomo de Paul de Man el aspecto que, incluso para Diana Wilson constituye una inevitable conexión cervantina. En una comunicación personal, Wilson dice: "The de Manian credo that meaning is indeterminate, language unstable, selfhood a mere metaphor, and history and endless, self-ironizing." Ese credo de de Man, sigue Wilson, "might seem a tantalizing approach to Cervantes . . . but perhaps more for *Don Quixote* than the *Persiles*. De Man's disabling aporias, his doleful insistence on undecidability, seem to me to undermine the cognitive pilgrimage we find in the *Persiles*." ¡Claro que lo debilitan! Precisamente lo que ocurre en el *Persiles* es que ese lenguaje inestable desteje "por la noche" –por así decirlo– lo que Cervantes teje "por el día," siendo "día" y "noche" obviamente la voluntad racional y el lenguaje violentamente autónomo, respectivamente. Yo atribuyo *al texto mismo* en cuanto a texto, en cuanto a tejido de la más traidora de las lanas (el lenguaje) lo que Diana atribuye a de Man. De Man y yo atribuimos esto al texto, al proceso mismo de tejer lo inteligible. Es la textualidad lo que conspira en contra del "peregrinaje cognitivo," no Paul de Man ni Julio Baena. La más clara ilustración de este "el hombre propone y Dios dispone" es el último párrafo del *Persiles*, que se analizará a su debido tiempo (en el capítulo 6, que he titulado arteramente "La última palabra").

chamente con la ironía. Lo que para Diana Wilson da como resultado un *Persiles* que sería "a formal allegory of sexual difference" (48), yo, siguiendo más de cerca a de Man *malgré lui*, lo llevaré a la conclusión de que el *Persiles* acaso sea una alegoría de la ironía. Es decir, si la "allegory of sexual difference" es, evidentemente, una alegoría *gendered*, la que yo propongo es, en su temporalidad, una alegoría *numbered*.[18] Esta idea es sugerente, y planeará con todas sus concomitancias alrededor de todo este libro, si bien no será mi *última palabra*, pues no es sino una derivación que depende demasiado de Paul de Man como para ser mía.

He aquí, pues, las palabras finales de su artículo, que tan relacionadas veo yo con Cervantes. Incluiré entre corchetes mis propias glosas:

> We can conclude with a brief remark on the novel [esto es una discusión acerca, precisamente, de la *novela*. Si tengo razón, el *Persiles* sería, en verdad, más novela que *romance*], which is caught with the truly perverse assignment of using both the narrative duration of the diachronic allegory and the instantaneity of the narrative present; to try for less than a combination of the two is to betray the inherent *gageure* of the genre. Things seem very simple for the novel when author and narrator are consid-

---

[18] Esta alegoría de la ironía es, muy posiblemente, una alegoría mucho menos "femenina". Al *oponer* mi lectura a la de Wilson e insinuar que acaso la diferencia entre ambas sea el grado de feminidad que tienen, dejo patente mi mano tendida en amistad a un *contrincante* que sólo es tal en la medida en que más tarde va a ser un *aliado*, al usar yo precisamente nuestras diferencias para en ellas, en su profunda dialéctica, encontrar el detonador final del *Persiles*. Quiero reconocer, asimismo, mi discrepancia como *falta*, carencia (falta de esa feminidad), testimoniando con ello mi *feminismo* al oponer frontalmente y con todas sus consecuencias el carácter de carencia de mi tesis a la clásica y vigente oposición entre hombre y mujer, que quisiera ser *oppositio privata* (por falta inherente de *virtus* –que viene de *vir*-, como en el renacimiento, o por falta y envidia del falo, como en el psicoanálisis). A esa *oppositio privata* que siempre es unidireccional, pues siempre es a la mujer a la que le *falta* algo para ser hombre, opongo yo mi propia carencia de feminidad como contrapeso. Como compensación, y para que no se me acuse de quererme hacer el mártir, apuntaré a la ironía como elemento que Wilson soslaya, acaso demasiado, en su por otra parte bien pensado y documentado tratamiento de la alegoría. En esa ironía estaría la *falta* de su tesis que contrapesaría la *falta* de feminidad en la mía. Proclamo así mi feminismo con un chiste que, si en origen es antifeminista, aquí quiere ser reconciliador: en la librería, el viajero despistado recibe la siguiente respuesta: "This is a feminist bookstore; we don't have a humor section" (Por otra parte, es el libro de Wilson el que más lleno está de humor de todos los que se han escrito sobre el *Persiles*, con lo que la poca importancia teórica dada en él a la ironía se hace aún más intrigante).

> ered to be one and the same subject and when the time of the narrative is also assumed to be the narrated time of days and years [lo que no ocurre ni con el *Quijote* ni con el *Persiles* –véanse los ya muchísimos artículos sobre narradores, Cide Hamete, etc., así como, en lo referente al tiempo, la ya abundante cosecha de estudios y datos de Murillo, Eisenberg, etc.]. They get somewhat more complex when, as in the scheme proposed by René Girard, the novel begins in error but works itself almost unwittingly into the knowledge of this error; this allows for a mystified structure that falls apart at the end and makes the novel into a pre-ironic mode [aquí está de Man describiendo una novela que él no cita, pero que epitomiza, según el propio Girard, y mucho más según Bandera, lo expuesto: el *Quijote*. Curiosamente, si hasta aquí de Man estaría con Bandera, a partir de ahora va a estar más bien del lado de El Saffar, ya que el estado de "pre-ironic mode" sería no el final, sino el intermedio, con la sorprendente paradoja de que el libro tenido en general por más irónico de Cervantes es ahora sólo pre-irónico, abriendo la puerta a que el *Persiles* sea el abandono de toda ironía o su máxima realización]. The real difficulty starts when we allow for the existence of a novelist who has all these preliminary stages behind him, who is a full-fledged ironist as well as an allegorist [¿habrá alguien que quepa mejor que Cervantes en este estrechísimo lecho de Procusto?] and has to seal, so to speak, the ironic moments with the allegorical duration. ("Rhetoric of Temporality" 207-208)

Sigue de Man nombrando a Stendhal como ese novelista excepcional, y termina con las siguientes palabras:

> The novel tells the story of two lovers who, like Eros and Psyche, are never allowed to come into full contact with each other. When they can see each other they are separated by an unbreachable distance; when they can touch, it has to be in a darkness imposed by a totally arbitrary and irrational decision, an act of the gods. The myth is that of the unovercomable distance which must always prevail between the selves . . . As such, it reaffirms Schlegel's definition of irony as a "permanent parabasis" and singles out this novel as one of the few novels of novels, as the allegory of irony. (209)

¿No es esta novela el *Persiles*? Lo va a ser a condición de que el contacto final entre los dos amantes, las dos mitades, los dos *selves*, sea "arbitraria e irracional: un acto de los dioses," es decir, algo tan poco "salido de los mesmos sucesos" como las cuatro patas intactas del caballo de Cratilo: algo exactamente como ese final del *Persiles* que yo defiendo a lo largo de este trabajo, y que no sería en absoluto un *happy ending* indiscutido, sino que sería un final sacrificial, en el sentido más girardiano: violento generador de violencia: algo exacto a ese final del *Persiles* que antes de mí había visto Cesáreo Bandera, en una de sus aseveraciones más contestadas por en verdad escandalosas: la de que ese final "de cuento de hadas" del *Persiles* es "puramente convencional y arbitrario" (*Mímesis conflictiva* 129). Sigo totalmente a Bandera –y a Girard– cuando escribe que los obstáculos que se oponen a la unión, esa "unovercomable distance between the selves" viene dada por "los obstáculos que, por dolorosa paradoja, crea entre ellos su propia igualdad, en mutua correspondencia" (131). Es, en verdad, sólo un acto de los dioses, como en la historia de Esaú y Jacob, como en la de Caín y Abel, como en la de Rómulo y Remo, y, como tal, un acto que tiene que ver con el sacrificio, lo que evita la catástrofe, tanto como era un acto de los dioses (el principio de caprichoso preferir a un hermano sobre otro) lo que causaba la catástrofe originalmente. Tan arbitraria es la preferencia de la madre por su hijo Persiles sobre su hijo Magsimino como ese capricho de los dioses según el cual Magsimino se muere en el momento "justo" estúpidamente, en la menos natural de las muertes naturales.

Si en el *Persiles* se pueden leer, pues, las *allegories of love*, entendidas como alegorías de la diferencia sexual, se puede leer asimismo la *alegoría de la ironía*, entendida ésta como esa "parabasis permanente" de que hablaba Schlegel, o sea, que junto al aspecto estático de la *différance* (con *a*) –o sea, la comúnmente entendida *diferencia*, que es el centro de la tesis de Wilson– está el otro aspecto, concomitante del primero, concomitancia a la que el propio Derrida aludía como "Différance comme temporisation, différance comme espacement" ("La Différance" 47). El *Persiles* sería una alegoría de la ironía por ser una alegoría de la *différance* (ser diferente / dejar para mañana). Si esto es así, si la lectura de Wilson se opone a la mía, pero ambas se necesitan mutuamente (aunque se repelen) porque sólo en ambas juntas se lleva a cabo esa terrible voluntad de los dioses de que algo tengamos que contar como único fin y causa de la muerte de los héroes,[19] o sea, en el muy posible caso de que ambas

---

[19] "Los dioses traman y cumplen la perdición de los mortales para que los venideros tengan que contar" (*Odisea*, VIII, últimos versos).

lecturas sean forzadas compañeras de viaje, acaso deba nacer la siguiente proposición: El amor es a la diferencia-espaciamiento (no ser igual) como la ironía es a la diferencia-temporización (diferimiento). El amor no es sino ironía quieta; la ironía no es sino amor en movimiento. Esta tal vez sea la *ultima ratio* de mi estudio.

Comoquiera, "aprender el lenguaje del otro" puede muy bien ser, como concluye Wilson (*Allegories* 252), el auténtico *trabajo* cervantino. Mas como ciertamente dice ella misma, ese aprendizaje implica ser *bilingüe*, o sea, poseer el lenguaje del otro dentro de uno mismo. Acaso el lenguaje del otro sea la ironía. Quiero aquí anotar solamente un problema que con mucho rebasa los límites de este estudio, pero que acaso no sea baladí señalar. ¿No es ese "aprender el lenguaje del otro," ese "bilingüismo" otro nombre para lo que Mijail Bajtin llamó *heteroglosia* y *polifonía* respectivamente? Esto, junto a la *ironía* y los aspectos carnavalescos de inversión y desacralización (que no estarían del todo ausentes del *Persiles* como lo demuestra tanto caballo y caballero volador, tanto trasvestismo . . .), son, en buena medida, los ingredientes bajtinianos de lo novelesco. No sería nuevo, pues, concluir, con ese "aprender el lenguaje del otro," que Cervantes se adhiere en todo a cuanto constituye la esencia de lo novelístico. Wilson sería una voz más en el coro de cuantos confesamos nuestro credo cervantino (creemos en un solo Cervantes, nacimiento y cumbre de la novela . . .) Pero lo inquietante, lo que puede hacer el libro de Wilson aún más valioso de lo que es, es precisamente ese tácito enmendarle la plana a Bajtin al nivel más profundo de la teoría, pues ese "aprender el lenguaje del otro," es decir, la condición *sine qua non* para que un texto sea *polifónico* (y no *falsamente polifónico*) estaría restringidísimo, dada la definición estricta del *otro*. Sólo los que "saben el lenguaje del otro" pueden escribir polifónicamente, y sólo saben el lenguaje del otro quienes, como Cervantes, han buscado a ese *otro* absolutamente, o sea, en *lo femenino*. Fuera, pues, del olimpo novelizador a cuantos ignoren la geometría, a cuantos sólo hablen (en) el nombre del Padre. Aquí Diana Wilson formaría parte, por cierto, de otro exclusivo club: el club de todos cuantos, de entre los novelistas, destacan sólo a unos pocos como poseedores de la grandeza. En ese club estamos, por orden alfabético, Baena, Bajtin, Bandera, de Man, El Saffar, Foucault, Girard, Wilson . . ., aunque las reglas de pertenencia son sumamente elásticas, teniendo cada miembro su propia lista. La grandeza de Cervantes consistiría en ser uno de los pocos, de los poquísimos, en aparecer en *todas* las listas.

Sabemos, pues, que Cervantes sabe con nosotros que el juego de la significación *descansa* (por así decirlo, con la mayor de las ironías) en lo que habíamos llamado "ausencias vertiginosamente movibles," es decir, en diferencias y diferimientos. Todo eso que sabemos y que intuimos, matemáticamente se puede representar con un +1 perpetuo asignable a toda cantidad dada, a todo paradigma: justo la fórmula que aquí se establece para el *Persiles*, y que tiene su *figura* en esa balsa de los bárbaros que, de este modo, alegorizaría la alegoría misma. [20] Es obvio que una vez hecha la operación de sumar uno a *n* obtenemos otra cantidad (3+1=4), pero ese +1 eterno nos condena a hacer de nuevo la operación (4+1=5). Aquí no entro en la idea de que la noción de infinito (∞) represente cómodamente el fin de esta serie, sino precisamente en la de que no hay comodidad tal en el vivir, el saber o el representar: cada una de las operaciones debe ser hecha a su tiempo. Para llegar a 6 no nos basta con sumar cómodamente 3+3 o 4+2. 6 es 5+1, un 5 que a su vez había sido 4+1, un 4 que a su vez había sido 3+1 . . . Una vez hecho el texto del *Persiles* obtenemos el término ausente para formar el paradigma 3+1 de la literalidad, alegoría, anagogía y tropología. Pero una vez obtenido ese paradigma, nos sigue faltando el elusivo final de la cuenta, aquel que nos diera el Universo como se da a las almas gloriosas Dios. Podemos interpretar a su vez lo ya interpretado. Podemos tomar los 4 *sensi* del *Persiles*, incluyendo ya en ese número el texto, la literalidad, y sumarle un nuevo término, o hacer una nueva órbita con el periplo de los personajes o de los hijos de los personajes. Siempre nos veremos obligados a fabricar un nuevo texto, una nueva literalidad, como esta mía, como las de El Saffar, Forcione, Avalle-Arce, Wilson. . . . El término inasible va a ser siempre el gemelo del texto del *Persiles*, el otro, el *coatl* (cuate). Creo que pocas cosas hay menos enciclopédicas que el *Persiles* en el siguiente sentido: Sí; todo el universo conocido está representado en el *Persiles*, y de ese universo, cada crítico ha tomado parte para su uso personal, unos creyendo esa parte el todo, y otros

---

[20] Entre las ventajas de la figura del ciclo con epiciclos, que yo propongo aquí en competencia con las de *cadena* y *fuga* de Avalle-Arce y Forcione, está la de que la parte pueda retratar al todo en relación, por otra parte muy clásica: la idea de *microcosmos*. Así puede ser un epiciclo no sólo proyección de un ciclo, sino su metalenguaje. Así, por ejemplo, Avalle-Arce ("*Persiles* and Allegory") ve cómo el prólogo del *Persiles* es una alegoría del *Persiles* mismo. El primer capítulo podría tener una función similar.

más humildes, diciendo taxativamente que no hay pretensiones de totalidad en su elección. Pero totalidad y enciclopedismo no son sinónimos. De hecho, casi se oponen. El *Persiles* es (creo haber contribuido aquí a reforzar la idea) totalitario, sí. Ese totalitarismo implica no sólo que todo se contenga en él, sino que ese todo esté organizado conforme a las leyes de la totalidad. El orden de la Enciclopedia, en cambio, es el alfabético, y, a no ser que se quiera forzar una interpretación talmúdico-cabalista de la Enciclopedia, el orden de las letras no es para los enciclopedistas el orden del Universo. En una Enciclopedia, Bolívar está junto a Bovary (madame), no junto a Miranda o San Martín. El *Persiles* es mucho más hegeliano que voltairiano. Una lectura alegórica de la Enciclopedia (o una *alegoresis*, si se quiere) puede descubrir alegorizados sublimemente interesantes,[21] pero una alegoresis de su orden es, simplemente, una alegoresis del orden alfabético, lo cual es interesantísimo precisamente por trascender con mucho los límites literales del texto en cuestión y ponerlo en contacto con otros textos (los diccionarios, por ejemplo) para dar un análisis de la *razón alfabética*, tipo de discurso cínico si los hay a la hora de tomarse como totalitario. Nada hay más opuesto a esa *razón alfabética del mundo y de la Naturaleza* que el *Persiles*. El *Persiles* es como las bibliotecas medievales (la razonada y razonable biblioteca de *El nombre de la rosa*), no como la Biblioteca del Congreso. El *Persiles* no es demócrata, ni se deja leer sin permiso por el lego, ni se acomoda en modo alguno a la apertura, compromiso entre opiniones contrarias, términos medios. Es, como todos los discursos totalitarios, óptimo o pésimo, propio o ajeno, magistral o ilegible. En la famosa autoopinión cervantina de que su libro podría ser "el más bueno o el más malo" hay una exclusividad tan transparente que casi es invisible: según ella, la posibilidad de ser menos bueno o menos malo está excluida de raíz. Opiniones encontradas sobre su libro podrían muy bien ser *a priori* las de "excelente," "bueno," "mejor que *Galatea*, pero peor que *El Quijote*," y un sinfín de juicios intermedios. Pero Cervantes no es tan acomodaticio.

Existe asimismo en el desplante cervantino un ligero matiz de ambigüedad que amplificaré. En las varias veces en que Cervantes "anuncia" su *Persiles* existen dos particularmente dicotómicas en cuanto al juicio: la dedicatoria a la segunda parte del *Quijote*, y la

---

[21] Véase, por ejemplo "Las láminas de la Enciclopedia" de Roland Barthes.

de las *Novelas ejemplares*. En la primera, alude a "ser el mejor" o "ser el más malo" como términos. En la segunda, alude a "competir con Heliodoro" como cosa positiva y a "salir con los pies en la cabeza . . ." como cosa negativa. Observamos, pues, que en ambas oportunidades lo que se nos plantea es una posibilidad de *revés*. No de modificaciones adjetivas o de grado (cabeza más o menos fea, etc.), sino una inversión. Asimismo, observamos que en la más clara de todas, la que ofrece juicios de valor más tajantes, se emplea el "ha de ser" con predicado nominal que incluye la bondad o maldad totales. El semifuturo "ha de ser" ocupa en la lengua un punto a medio camino entre la predicción de hecho y la aseveración de propósito, en forma muy parecida a la del futuro del inglés moderno "*will be*," que indica gracias al modal *will* un ingrediente de voluntad en la determinación del futuro, cosa que no indicaba el futuro clásico y neutro en términos de voluntad *shall*. Si tomamos el "ha de ser" cervantino en su dimensión voluntarística, tenemos que Cervantes está proponiéndose hacer el mejor libro/hacer el peor libro. La lectura clásica del anuncio cervantino da por buena la primera mitad de este juego de verbos y predicados: es lógico aparentemente que Cervantes se proponga hacer un buen libro. Pero tal apreciación clásica ignora la otra mitad de la oración: la que da a entender que Cervantes se propone hacer "el (libro) más malo." Creo mayor arrogancia por parte de Cervantes precisamente lo que se ha leído hasta ahora como una atemperante modestia (es decir, la admisión de que su libro pudiera ser malo). Creo mayor arrogancia pretender hacer "el libro más malo" que "el libro más bueno," porque indica tal pretensión una falta total de cuidado con quien lo lee, y, en cambio, un compromiso total con su *antetexto*, es decir, con el significado previo, el alegorizado previo, el anagogizado previo . . . del que Cervantes no pretende desviarse en absoluto, aun a sabiendas de que la literalidad que él busca para esos analogizados y esos anagogizados pueda ser un auténtico monstruo.

Mas ¿cuál ha de ser la *cara*, el *rostro*, la *figura* de ese monstruo? ¿Cómo nos va a espantar en su monstruosidad si no nos muestra su espantoso semblante? ¿Y cómo nos lo va a mostrar sin un conjunto querer del novelista y de los dioses (las musas)? En efecto, nunca es más demiurgo el novelista que cuando imita, o asume, ese acto exquisitamente divino de dotar de *figura* a lo que no la tenía. Como dice Certeau (aunque él hable de lo escrito por el mismísimo dedo de Dios y yo hable aquí del novelista como demiurgo),

> Pour qu'un événement ou un fait désigne un autre (qui devienne sa "figure"), il faut une volonté de signifier qui n'est plus celle de l'homme, mais celle de Dieu. David en aimant Bethsabée ne visait pas à désigner l'amour du Christ pour l'Église. (124)

Hay en la alegoría, en el paso de la literalidad a la alegoría, un proceso de *figuración*, de manera que la *figura*, el rostro de las cosas, aparece como signo de otra cosa.[22] En el primer capítulo del *Persiles* no tenemos el nombre de Periandro, pero sí su rostro: de hecho, es lo primero que, además de las cuerdas que metonímicamente lo atan a la mazmorra/útero, se asocia con él. Los bárbaros, tras "requerir las esposas y cordeles," le sacuden "los cabellos, que como infinitos anillos de puro oro, la cabeza le cubrían,"[23] y acto seguido,

> Limpiáronle el rostro, que cubierto de polvo tenía, y descubrió una tan maravillosa hermosura, que suspendió y enterneció los pechos de aquellos que para ser sus verdugos le llevaban.
> No mostraba el gallardo mozo en su semblante género de aflicción alguna; antes, con ojos al parecer alegres, alzó el rostro, y miró al cielo, por todas partes, y con voz clara y no turbada lengua dijo . . . (52)

De su rostro, pues, sólo conocemos su efecto en los otros, y sus ojos, es decir, como en un niño lacaniano de antes de la fase del espejo, el "niño" Periandro proyecta en los otros una imagen que él mismo desconoce, y mira, recogiendo imágenes de "por todas partes," sin que ninguna de ellas acierte a convertirse en elemental ladrillo siquiera de la construcción de un *yo*, de un rostro propio. Sabemos lo que el rostro ve, los cabellos que lo rodean, cómo afecta a los demás, mas no vemos el rostro de Periandro. De hecho, mediante la alusión a los cabellos como "anillos de puro oro," se nos está remitiendo, en catáfora, a la imagen que después vendrá de Auriste-

---

[22] Aunque yo parto de otro sitio, y a otro sitio me dirijo, es fácil ver por entre los intersticios de mi malla los fuertes hilos de quien ocupó mucho tiempo en relacionar *figura* con *alegoría* y con *significación*, es decir, Erich Auerbach. (Véanse sus "Figura" y "Farineta y Cavalcante").

[23] Esto tiene que ver, en cuanto a la figuración se refiere, con la confusión a propósito con Auristela ("estrella de oro"), que más adelante se va a consumar al trasvestirse ambos sin que sus rostros contribuyan a deshacer el equívoco, sino todo lo contrario.

la, que así aparecería enmascarada en Periandro, como complemento al traje de varón que la oculta como mujer de los ojos ajenos, desplazando así los deseos de Bradamiro hacia su auténtico *coatl*, *cuate*, compañero sacrificial, que va a ser Periandro, que, como tal "pantalla" de ocultación, asume de Auristela primero el "oro" circular de los cabellos, y luego, el "traje." Mas nada sabemos del rostro, de la *figura* de Periandro, excepto su efecto en los otros y el hecho de que estaba *cubierto* de polvo. Estamos ante una operación de *descubrimiento* en el sentido más foucaultiano de la palabra, pero en el momento en que, según Foucault, debería ya funcionar la *representación*.[24] Hay, pues, aquí un problema que intentaremos resolver. En el texto cervantino tenemos exactamente una al lado de la otra las dos ideas de *figure* (recuérdese que en francés se usa la misma palabra para *figura* y *cara*) y de *descubrir*: "Limpiáronle el rostro, que cubierto . . ." Al lado de las ideas opuestas foucaultianas de *representación* y *descubrimiento*, o entre ellas, voy yo a colocar la de *figuración*, que sería a *manierismo* lo que, según el mismo Foucault, *representación* es a *barroco*. Estoy, pues, resucitando la idea de *manierismo*, asignándole nada menos que los textos de Cervantes, y derivando una especie de "edad conflictiva" con textos igualmente conflictivos que se opondrán a muchas cosas. Pienso como correlato pictórico a estos textos manieristas en El Greco y su pintura.

Con ese *al lado de* quiero indicar, en primer lugar, copresencia o lateralidad metonímica de largo alcance. En efecto, como imagen de lo permanente humano, del genotipo, el psicoanálisis nos ha brindado *la boca, el ano, el falo*. Como ancla, como *centro*, ¿no están irremediablemente unidos estos símbolos, y unidos *metonímicamente*, además, a otras partes del cuerpo como *la cara* o *las manos*? ¿No son una y otras objeto de obsesiva contemplación para el recién nacido? ¿No son las manos el complemento "pasivo" (en su actividad) de la masturbación? No quiero aquí complicar un discurso (el psicoanalítico) al que, por otra parte, no me adhiero. Quiero enfatizar la *figura*, el rostro, como constitutivo de la mayor

---

[24] Me refiero al sentido que liga *descubrir* al *episteme* antiguo, frente al que se halla *representación*. Esta *representación* se basa en la *diferencia* en la medida en que el *descubrimiento* se basa en *similitud*. Es exactamente en el tiempo en que escribe Cervantes el *Quijote* y el *Persiles* cuando se lleva a cabo este cambio (*The Order of Things* 17-70).

diferencia posible, es decir, quiero referirme al rostro de la amada, a la dolencia de amor como metaforizadora de toda distancia y de todo diferimiento, a la dolencia de amor

>...que no se cura
>sino con la presencia y la figura.

Figura es categoría retórica a la que pertenecen, por ejemplo, la metáfora o la hipérbole, es decir, que al dotar de cara (*figure*) a un cuerpo se le está aplicando una metáfora, un tropo, una figura retórica. La cara, como metáfora d el cuerpo, pues, niega lo que afirma como metonimia del mismo. Como metonimia, la cara *es* el cuerpo. Como metáfora, la cara, la figura se percibe como sustituto, como *suplemento*, ciertamente, pero dolorosamente como *lo que no es*. Así pues, si la cara es metáfora y ésta desplazamiento, no debe extrañarnos que el manierismo, época o *episteme* que representaría la apoteosis de lo que he llamado *figuración* (al lado de la *representación foucaultiana*), se caracterice precisamente por sus "cuellos demasiado largos" (o "cuellos de cisne") de, por ejemplo, Morales, llamado "el divino," o las cabezas demasiado pequeñas para el cuerpo, como en tantos santos de El Greco, o, saltando en el tiempo, a modo de demostración de la pervivencia diacrónica de la *figuración*, a modo de demostración de la existencia de una constante *figurativa*, el caso de Dalí, que pone a sus Cristos el rostro de su amada Gala. Todos estos personajes pintados parecen tener *una cara que no es la suya*, lo que, amén de implicar que podemos saber que no es su cara aun desconociendo la cara, indica que lo que se pone por cara es una *figura*, es decir, un tropo, un sustituto. La estética de la figuración exige que la *figura* ocupe el punto convergente de dos búsquedas: la de la metáfora y la de la metonimia, o sea, la de compleción de un cuerpo y la de significación de un vacío, de una incompleción.

El discurso construido así (el discurso manierista, arquetipo del cual sería el *Persiles*) presenta una curiosa homología con el discurso psicoanalítico. En ambos predomina el *episteme* de la figuración, por encima del representacional, o de cualquier otro. En ambos discursos, la última explicación o el último análisis consiste en establecer una alegoría ciertamente manierista. Este es uno de los puntos coincidentes de Paul de Man, cuando coloca al psicoanálisis como una alegoría más,[25] Michel de Certeau, cuando coloca al mismo psicoanálisis en homología con *la fable mystique*, y Michel Foucault, que, al referirse a estos años liminares entre los *epistemes* se refiere, por más que él lo llame "barroco," al manierismo, no al barroco, no al renacimiento:

> At the beginning of the seventeenth century, during the period that has been termed, rightly or wrongly, the Baroque . . . The age of resemblance is drawing to a close. It is leaving nothing behind it but games. Games whose powers of enchantment grow out of the new kinship between resemblance and illusion; the chimeras of similitude loom up on all sides, but they are recognized as chimeras; it is the privileged age of *trompe-l'oeil* painting, of the comic illusion, of the play that represents itself by representing another play, of the *quid pro quo* of dreams and visions; it is the age of deceiving senses; it is the age in which the poetic dimension of language is defined by metaphor, simile, and allegory. (*The Order of Things* 51)

Allí donde domine la alegoría vamos a encontrar la estética manierista, por no decir amanerada, *amañada*, que viene no de buscar a qué se parecen las cosas, como en el *episteme* antiguo, ni qué son, como en el episteme moderno, sino *qué cara tienen*. En el discurso manierista, como en el psicoanálisis, la última experiencia, o el último análisis consiste en establecer la alegoría usando el lenguaje del cuerpo, la metonimia del rostro. Si en el lenguaje de signos transparentes, en el lenguaje de la *representación* se buscaba el término abstracto que cupiera en el lugar idóneo de una re-presentación, desde Freud se prefiere el rostro concreto a la idea, al dejar de creerse en ella; el nombre propio –Edipo– se preferirá al nombre común; el psicoanálisis dota a su objeto –la psique– de cara, de *figure* (y hasta le coloca la máscara de Eros): *figure* que es figura, tropo y, afortunadamente para su supervivencia en un mundo hidrópico de sensaciones nuevas, en vez de reducir los múltiples rostros del fenómeno al invisible aburrimiento del término abstracto que los reduce a cero: en vez de caer en la falacia del común denominador (aquella según la cual lo abstracto participa de todas sus manifestaciones concretas en vez de, como es realmente el caso, no participar de ninguna de ellas, según creemos y sabemos hoy), adopta el valiente

---

[25] En "Pascal's Allegory of Persuasion."

camino opuesto: el de devolver la sustituibilidad infinita a la esencia, poniéndole la máscara que precise en un momento dado, es decir, *figurando* a la cosa, llamándola sol o viento, boca o agua, según convenga.

Si es manierista el *Persiles*, es figuracional, como el psicoanálisis. Razones de sobra habría, con Arnold Hauser en la mano, para señalar no ya el manierismo del *Persiles*, sino de todo Cervantes, y aun del barroco español "rebelde" (Cervantes, Góngora) frente al barroco "oficial" (Lope de Vega, Quevedo), mas mucho me saldría de mi propósito, y del primer capítulo del *Persiles*, del que sólo quiero salirme para irme al *centro* y al *fin*, en cuanto a que el primer capítulo sea *principio*.[26]

En el primer capítulo del *Persiles*, pues, únicamente señalaré ese rostro de Periandro cuya forma, apariencia, rasgos, se ignoran, y se seguirán ignorando (y confundiendo con los de su "hermana") por muchos capítulos. Todos los personajes, hombres o mujeres, van quedando sucesivamente impresionados por ese rostro que oculta al resto del cuerpo, pero que es invisible para el lector. El que precisamente sea ese rostro lo que determina a Periandro (y en el primer capítulo aún más, pues es ese limpiar el rostro, ese descubrir lo que la tierra cubría, lo que determina el giro y destino de su vida, salvándole de la muerte a manos de los bárbaros, iniciando ese proceso *milagroso* de compasión que hace que la flecha no se dispare *contra todo pronóstico*), y junto a esto, el que nada se nos diga sobre tal rostro, muestra más que nada el *ansia* primordial cervantina: el ansia de figuración. En muchos modos, el procedimiento es inverso al del *Quijote*, donde precisamente desde las primeras líneas se nos dice que el hidalgo era "de complexión recia, seco de carnes, enjuto de rostro . . ." para ir transformando ese rostro del hidalgo Quijana

---

[26] Baste decir cómo el manierismo, apartándose, o, mejor dicho, siendo atraído por la naturaleza pero desconfiando de ella, hace del rostro una máscara, y de la autenticidad, la fidelidad a otra máscara, como en el cuento chino del rostro de la perfecta santidad. El arte manierista es un producto del espíritu, no una copia del mundo; es una operación intelectual, que pretende descubrir cosas que ignora, más que decir cosas que sabe. Esa operación intelectual echa mano de todos los materiales disponibles, desde lo externo hasta la obra misma; exalta la fantasía, lo extraño, lo refinado; le gusta mirarse en el espejo de su virtuosismo. De aquí que el arte cervantino sea altamente autorreflexivo, que le abrume el problema de lo maravilloso, que adolezca, sobre todo en el *Persiles*, de un estiramiento a lo El Greco que haga casi antinaturales (y sumamente *amanerados*, en verdad) a los Clodio, Periandro, etc. (Véase Hauser, *El manierismo* 32 y ss.)

en la "triste figura" de don Quijote (que acabará siendo tan inverosímil como la de un santo de El Greco), poco a poco y a base de dientes rotos, bacía/yelmo de Mambrino en la cabeza, polvo y sudor, bálsamo de Fierabrás, etc., etc.

Si estoy en lo cierto, si existe una epistemología de la figuración que en algo se parezca a lo que propongo, se explica lo atrayente que resulta el *Persiles* precisamente ahora, por los años de gran explosión de trabajos sobre él, de su traducción inglesa, de la conjunción del hispanismo, psicoanálisis, feminismo, deconstruccionismo y, últimamente, teoría del caos. Hablarían el mismo lenguaje, se entenderían (un poco como se entienden los dos locos, Cardenio y don Quijote, en las entrañas de la sierra, o como al vizcaíno de dificilísima comprensión "entendióle muy bien don Quijote"), considerarían a la alegoría con el mismo respeto. Pintarían el *Persiles* y el discurso postmoderno rostros, acaso parecidos, acaso no, a los conceptos abstractos. A la ocasión, por ejemplo, volverían a pintarla real y verdaderamente calva, o acaso le pusieran otro rostro, la dotasen de cuello en este caso corto para que resultara inasible. Es posible que no se pusieran de acuerdo en el rostro, pero es seguro que estarían jugando a lo mismo, a *conjugar* el texto: juego análogo éste al de esas muñecas recortables a las que se les ponen ropas también recortables, de forma que puede resultar un rostro de ojos rasgados y sensuales labios con uniforme de húsares y casco de bombero: Mister Potato Head *y* Mistress Potato Head simultáneamente.

Para concluir estas reflexiones acerca de lo que comporta leer el *Persiles* como alegoría, concluiré con el otro aspecto derivado de las ideas de Paul de Man, que no es otro que el que recoge Certeau, al referirse, citando a Jean Pépin, a la alegoría en su dimensión de eterno diferimiento como a la "veritable spécificité de l'exégèse chrétienne" (citado por Certeau 125). Si el *Persiles* es una alegoría de la historia humana (como historia de la Salvación), ese diferimiento podría muy bien ser inherente al *Persiles*, a ese *Persiles* cuya frase central era aquella de "nuestras almas están en continuo movimiento. . . ." Esa idea central del *Persiles* deja entrever claramente las características de la alegoría, así como las de la figuración, es decir, la búsqueda de una literalidad que sea rostro visible, en cuanto nombre, y nombre en cuanto a figura que convoque la presencia, de ese "essentiel caché" que Certeau pone como término de la *fable* mística (132).

Certeau en *La fable mystique* arroja una luz en verdad brillante, en verdad iluminadora, sobre los comienzos cristianos de esa búsqueda de lo que estaba escondido (del "Dieu caché" de Goldmann) como la búsqueda del *cuerpo* (místico y real) de Cristo (el evangélico "no sé dónde lo han puesto" de María Magdalena). No deja de haber una conexión inquietante entre ese cuerpo de Cristo ausente y esa mujer que busca Corsicurbo sin hallarla, o, para ir a terreno más escabroso, entre el canibalismo de los bárbaros, de tan hondas repercusiones para el psicoanálisis (del que tan bien se han ocupado Diana Wilson y Eduardo González), y esa obsesiva presencia "real y verdadera" de Cristo, del *Corpus Christi* en la Eucaristía.[27] No sería esa conexión, por otra parte, inusitada en los textos de Cervantes, ni en la crítica cervantina (una búsqueda del *cuerpo* en este sentido, que incluso aparece como una *lucha*, como un hercúleo *trabajo* a realizar nada menos que por don Quijote). Hablo, claro está, del capítulo 19 de la primera parte del *Quijote*, la aventura llamada de los encamisados, o del cuerpo muerto. La crítica ha señalado ya de antiguo una más que probable conexión de este pasaje con San Juan de la Cruz. Me parece tal conexión evidente, no por el tradicional "referente" del supuesto entierro del carmelita, sino porque en el texto mismo se encuentra el texto del místico. En una "noche oscura" ("y fue que la noche cerró con alguna oscuridad") hay incluso alguna versión de "con ansias en amores inflamada" ("la noche, escura, el escudero hambriento y el amo con gana de comer"); se sitúa el encuentro en el ambiguo lugar entre santo y hereje que define al gran escritor muerto ("¿quién diablos os ha traído aquí –dijo don Quijote–, siendo hombre de Iglesia?"). Lo que en esta noche oscura y ambigua tiene lugar (y todo ello inmediatamente antes del determinante episodio de los batanes, ironía máxima de toda epistemología) no es sino el *bautizo* de don Quijote (que va a llamarse a partir de ahora "Caballero de la Triste Figura") en el momento de simultaneidad no de su entrada a la Iglesia, sino de su salida de ella, pues, en efecto, del episodio sale don Quijote literalmente excomulgado. Como el discurso de San Juan de la Cruz, el discurso de Cervantes roza la heterodoxia, se asoma al abismo de la ambigüedad mística.

---

[27] Bien es verdad que la manera de tratar el tema va a ser totalmente elíptica en el *Persiles* (y mucho más si está conectada con la homosexualidad, como bien puede ser tratándose de canibalismo), mientras que el otro polo del tratamiento, la casi impúdica exhibición propagandística, lo representaría Calderón en la teoría y praxis del auto sacramental.

Ese *cuerpo escondido*, pues, de los místicos, no está muy lejos del discurso cervantino. La búsqueda de ese cuerpo, como dice Certeau (124), se inscribe dentro de una cronología, se condiciona por un antes y un después. Este afán alegórico no es sino el afán por

> construire un langage cohérent qui explique par des "lois" constantes les rapports entre les données d'un savoir encyclopédique et quelques éléments de base, tenus pour des veritables "secrets" de la connaissance. (131)

Para Cervantes, ese diferimiento eterno del *id* (original o terminal, poco importa tratándose de movimientos circulares) es básicamente un efecto de la contrariedad del tiempo, de la violencia original. El rostro de ello es, una vez más, la flecha del bárbaro en la cara, en la *figura* de Periandro. Ese rostro amenazado de muerte flota en la siempre precaria balsa, la siempre precaria, torpemente tejida, textualidad (véase el capítulo 6). El *Persiles*, en su primer capítulo, nos da, pues, junto a una alegoría de la vida, una anagogía de la redención, etc., también una alegoría de la alegoría: del trabajoso proceso cervantino de continuo movimiento que no podría parar sino en Dios como centro, es decir, de la escritura del *Persiles*, peligrosamente cercana a la actividad de Sísifo.

CAPÍTULO 5

RECTIFICACIONES (TIEMPOS INTERESANTES)

> Forgiveness, not the feminine, is the vehicle of grace.
> (Cesáreo Bandera)

> Los tiempos felices son en la Historia páginas vacías.
> (F. Hegel)

> Pleitos tengas, y los ganes.
> (maldición gitana)

No todo sale bien. Nunca sale todo bien, o nada sale bien siempre. El hombre propone, y Dios dispone. Todos los elementos dotados de alguna direccionalidad en la figura de la balsa de Periandro y los bárbaros *apuntaban* hacia una contrariedad radical en la enorme flecha. Timón, remos, centro, etc. sólo dejan espacio para que el bárbaro flechero ocupe la proa de la balsa, pero, encarando a Periandro, apunte hacia popa, hacia el sentido opuesto a la marcha. La flecha bárbara, como el tiempo por ella simbolizado, apunta en sentido contrario a la órbita prefijada. Es flecha amenazante, es tiempo que *queda*, y que, al quedar, va siendo menor cada instante. Es el tiempo acumulado negativamente: la imagen del reloj de arena, o de la arquetípica botella medio vacía del pesimista.

Vimos cómo la imagen de los bárbaros en la balsa era una alegoría de Natura-Fortuna-Amor + Tiempo. Pero al reordenar el sentido de la alegoría de manera que ésta se introduzca en el más clásico de los paradigmas, vemos que la analogía de los bárbaros es *anagogía* de la estructura $n+1$ misma: que la flecha, el vector por antonomasia, es esa direccionalidad del número 1 (simplemente del número frente al cero), es decir, que la flecha, el tiempo, es el anticero, el antinorte, que trabaja en contra del reposo, de Dios. "Dios como centro en el que para el movimiento perpetuo de las almas" es, pues, en directísima dialéctica con tantos y tantos sistemas teológicos –y hasta gnósticos–, no el *uno*, sino el *cero*. Toda direccionalidad, toda vectorialidad, orbitará a ese punto inmóvil, pero no lo alcanzará.[1] Como decía Paul de Man, toda referencialidad de la alegoría tiene *necesariamente* que pasar por la secuencialidad de ésta,[2] y eso, si el referente es *necesariamente* inmóvil, es una maldición para el alegorizador. De hecho, toda discursividad poseedora de esa secuencialidad, de esa *narratividad* es presa de la misma inadecuación a la *tarea* que le estaba encomendada. La enorme *carga* (así la llama de Man, en clara resonancia del mito de Sísifo) de la alegoría, "its burden is to articulate an epistemological order of truth and deceit with a narrative or compositional order of persuasion" ("Pascal's" 2). Este mítico fracaso, esta condena del discurso a trabajar en vano, a parir hijos con dolor que a su vez parirán hijos con dolor y trabajarán en vano –véanse las (in)conclusiones de este libro–, puede a su vez alegorizarse (o anagogizarse) en una explicación del carácter paradójico del *uno* que explicaría la, a su vez, anagogía clásica de Dios como *uno* siendo también *cero*. Es Pascal, el testigo de ese *Dieu caché* del que nos habló Goldmann en su mejor trabajo, quien lo desarrolla admirablemente, acompañando, añado yo, a un Cervantes que lo había desarrollado con igual claridad no en su "razonamiento," sino en su *figura* de la balsa y los bárbaros. Lo que de Man llama "the truly Pascalian moment in the demonstration" es una reflexión sobre lo que el texto cervantino incluye como *principio* y *centro* del *Persiles*: la particular geometría (anagoge de Dios y

---

[1] No lo alcanzará, porque va en dirección contraria; porque para alcanzarlo tendría que volver sobre sus pasos a su origen, a cuando estaba en el arco, a cuando, mejor dicho, no estaba todavía en el arco. Tiene que volver al "aquí no ha pasado nada," que con gran clarividencia decimos en español para significar el perdón. Y en vez de ir en busca del momento cero, de antes de que "pasara algo," se va en la dirección exacta de ese "pasar," o sea, en la dirección de la violencia. Va en dirección contraria, porque, como decía Ferlosio, "en el principio no fueron, ciertamente, los dioses de los cielos los que impusieron sacrificios a los hombres en la tierra, sino los sacrificios de los hombres en la tierra los que pusieron dioses en el cielo" (*Mientras no cambien los dioses* 35). Pero esto lo sabemos nosotros (Ferlosio, Girard, etc.) inequívocamente mientras que Cervantes lo sabía junto a otro saber opuesto.

[2] "Pascal's Allegory of Persuasion" 1.

del mundo) del número 1 y del cero. En efecto, si Pascal separa "the laws of number from the laws of geometry, by showing that what applies to the indivisible unit of number, the *one*, does not apply to the indivisible unit of space," (9) las imágenes de Cervantes llevan hasta la obsesión misma la relación *geométrica* y hasta *astronómica* entre los elementos. El *uno*, dice de Man explicando a Pascal, es y no es un número "(one can say 1=N as well as 1≠N)." En cambio, el *cero* es absolutamente heterogéneo de N, del número.

> With the introduction of zero, the *separation* between number and space, which is potentially *threatening*, is also healed. For equivalencies can easily be found in the order of time and of motion for the zero function in number: instant and stasis (*repos*) are the equivalences that, thanks to the zero, allow one to reestablish the 'necessarily and reciprocal link' between the four intrawordly dimensions on which divine order depends. At the end of the passage, the homogeneity of the universe is recovered, and the principle of infinitessimal symmetry is well established. But this has happened at a price: the coherence of the system is now seen to be entirely dependent on the introduction of an element – the zero and its equivalents in time and motion – that is itself entirely heterogeneous with regard to the system and is nowhere a part of it. (10)

He subrayado yo las palabras *separation* y *threatening*, pues son las que marcan el capítulo primero del *Persiles*: la separación (por medio de todas las ataduras posibles e imaginables) de Periandro de su *madre*, de su *hermana*, de su *isla*, de su *cárcel* ... y la amenaza de esa flecha casi grotescamente grande. Sólo con el cero, con la ausencia de número, con la ruptura del eterno esquema *n+1*, se obtiene esa recuperación de la cuaternidad básica del universo estable, de esas "four intrawordly dimensions" que parecen darle la razón a Ruth El Saffar. El problema es que ese elemento de estabilidad no tiene cabida en el texto, dada su radical heterogeneidad. "Sólo pueden parar en Dios como en su centro." Y a Dios, se sabe desde hace muchísimo tiempo (mejor dicho, desde que el tiempo *es* tiempo), no se le puede nombrar. El nombre de Dios se aproxima más en el momento del "no sé qué que queda balbuciendo" de los místicos, pero esa aproximación lleva consigo la destrucción del texto. Como dice Paul de Man,

> There can be no *one* without zero, but the zero always appears in the guise of a *one*, of a (some)thing. The name is the trope of the zero. The zero is always *called* a one, when the zero is actually nameless, 'innomable'. (11)

Si esto niega totalmente una lectura feminista del *Persiles* o, por el contrario, la confirma hasta la más dolorosa saciedad (la de los dolores de parto con que *comienza* y *acaba* el *Persiles*), depende de cómo se tome una conclusión pascaliana extraordinariamente seductora para quien lee el *Persiles*. Es la siguiente (véase también el apéndice 2):

> ... man is double, ... the one is always already at least two, a pair. Man is like the *one* in the system of number, infinitely divisible and infinitely capable of self-multiplication ... "l'homme passe *infiniment* l'homme." (17)

Dije que el *Persiles* acaba como empieza, pues ¿qué son esos *biznietos* de la *posteridad* sino esa "self-multiplication" y ese pasarse infinitamente de que hablan de Man y Pascal? Mi plan, pues, que era el de no salirme en lo posible de los límites del primer capítulo, ha de ser *rectificado* inevitablemente, igual que el plan del *Persiles*, ese *blueprint* que aventajaría a Heliodoro en su perfección, ese microcosmos textual alegórico del macrocosmos y del microcosmos humano, ese *ser* del *Persiles*, queda invalidado, queda superado, negado, por el *texto*, el *existir* del *Persiles*. La idea misma de *cosmos* queda soslayada o en franca oposición dialéctica con la del individuo como un microcosmos que ya no se comporta como tal. Si el plan consiste en ejemplificar el macrocosmos con el microcosmos, la rebeldía del hombre a esto (el pecado original) da al traste con la alegoría. Ese pecado original del hombre, en cambio, sí resulta análogo al pecado original del texto: su vectorialidad, su no poder parar "sino en Dios."

Esta contrariedad, esta calamidad inherente no ya a la alegoría, como de Man decía, sino a toda narración, y aun a todo discurso, condenado *ab ovo* a la linealidad, nos da la clave para rectificar (es decir, para vectorializar) la hipótesis del epiciclo, reexaminándolo desde el siguiente punto de vista: el universo ptolemaico-aristotélico, del círculo simple, se defiende de las aparentes desobediencias de Marte o Venus con el trazo del epiciclo. Pero si bien el epiciclo explica el lado de mera física celeste de los planetas, deja sin explicar lo que había sido corolario metafísico inevitable de la hipótesis del círculo simple. Es decir, el epiciclo complica no tanto las leyes físicas del universo, sino sus concomitantes leyes metafísicas. Marte o Venus, al describir el epiciclo, se apartan de su destino en forma análoga a como el hombre adámico se aparta del suyo. El epiciclo es imagen del pecado original. Su rectificación, es decir, la vuelta a la órbita pretendida por Dios, es análoga a la redención humana. Y para que esa redención se lleve a cabo, es necesario. . . . Y aquí entra en suspenso la frase hasta no dilucidar lo debatido en el combate dialéctico entre Reforma y Contrarreforma, es decir, hasta no dilucidar el peso específico relativo que la *Gracia* o misericordia de Dios tiene en la operación rectificadora de todos los vectores contrarios frente a las *Obras*, o trabajos humanos. Una imagen teológica de los trabajos no puede existir en una enciclopédica escritura más que en conjunción o disyunción con una imagen de la Gracia. Si un aspecto del *Persiles* es su riguroso plan *a priori*, en el que todo es perfectamente obvio, su otro aspecto es que precisamente al hablar de una perfecta literalidad que alegorice, tropologice, anagogice la existencia humana, dicha literalidad, dicho texto, va a estar condenado a ser imperfecto, so pena de dejar de lado el aspecto más humano de la humanidad. Es decir, el *Persiles* pretende ser el perfecto texto de la imperfección. La flecha apunta constantemente en contra de los planes. El libro, sin el auxilio de la Gracia, puede ser "el más malo" pretendiendo ser "el mejor." El +1, la eterna condena al movimiento, implica desviación constante, diferimiento perpetuo respecto de los fines para siempre desconocidos y ausentes. La obra, la gigantesca obra, el trabajo, es la parte dable (o dada) al hombre (ya sea a Periandro o a Cervantes) para su rectificación. Mas esto es insuficiente. Ruth El Saffar, no sin contradicción consigo misma,[3] entiende por *Beyond Fiction* el lugar más allá de la ficción como lugar de reposo. El corolario inevitable es que la ficción termina donde el reposo empieza, y éste termina donde empieza aquélla. ¿Hemos de leer al revés la famosa afirmación de Cervantes de que su libro puede ser el mejor o el más malo? Es decir, ¿hemos de asumir que será el mejor si no consigue el fin que se pro-

---

[3] No sin contradicción, pues a lo largo de todo su estudio alude al reposo como producto *en el texto*, en la ficción, de esos "cuartos términos" recobrados por Cervantes.

pone, y el peor si lo consigue? ¿No es, acaso, el equilibrio, teniendo en mente a El Saffar, el enemigo de toda ficción? Es muy posible que haya una duda imborrable en Cervantes; una duda que estaría por encima de toda superación irónica, que condenaría al *Persiles* a ser, a pesar de todo, irónico y, por lo tanto, a salvarse como obra de ficción habiendo fracasado en su intento de trasponer sus límites. Hace ya algunos años escribía yo, con la aquiescente satisfacción de algún experimentadísimo especialista, que, a pesar de todos los pesares, a algunos no nos acababa de gustar el *Persiles*.[4] Permítaseme decir que sigue sin *acabar* de gustarme en proporción directa a cuanto tiene de *acabado*, de *pre-decible*. El *Persiles* fracasa como novela en el punto donde pretendía triunfar como utopía. La calma a la que se abocaba transcendiendo toda temporalidad, todo vector, toda flecha direccional, lo saca del interés de este mundo. "Que te toque vivir tiempos interesantes," es la gran maldición oriental. Tiempos interesantes han sido todos los transcurridos desde el pecado original. Tiempos interesantes, en verdad, pues *interesante* quiere decir no sólo "que tiene interés," sino "que suscita interés." Tiempos interesantes son aquellos habitados por la serpiente que suscita en Adán la curiosidad, es decir, que añade a sus paradigmas un eterno +1, una inestabilidad crónica cuya supresión nunca es completa si permanece el virus de la curiosidad, del *interés*. El *interés*, por cuanto tiene de designación económica, de vecindad con la *plusvalía*, es hijo de los valores, no de los bienes; es heredad de la Historia más terriblemente hegeliana, más devoradora de hombres. El interés es hermano uterino de esa secuencialidad maldita inherente al texto narrativo, de la que entre otros muchos hablaba Paul de Man. Interés (de "interesante") está mucho más cerca de lo que se cree del interés al 14,9 % que anuncia una tarjeta de crédito en su publicidad. El interés de una narración interesante no está en el valor (ni de uso ni de cambio) de los signos que la integran, sino en ese *suplemento*, en esa auténtica *plusvalía de* significado que se produce *necesariamente* en el momento de realizar la operación básica de poner un signo al lado de otro, es decir, de textualizar. Y no es otra esa operación que la designable como *n+1*. La vectorialidad del texto lo dota necesariamente de plusvalía, de interés. En equilibrio, en el reposo aparente del *signo* clásico, renacentista, tal interés

---

[4] En "*Los trabajos de Persiles y Sigismunda*: la utopía del novelista" 138.

desaparece. ¿Será necesario repetir aquí, una vez más, que Occidente se fuga del Renacimiento con la Novela en la mano?

Si el *Persiles* contiene la respuesta equilibrante que Ruth El Saffar —y yo mismo— hemos visto, entonces transciende la ficción (El Saffar), es ininteresante (Baena). La punta de ironía, de inestabilidad, de última duda, expresada por el Cervantes que opcionalmente califica a su libro de "el mejor o el peor," unido a la reversibilidad de los referentes de "mejor" y "peor" a la que hemos hecho mención, tendería una última trampa al equilibrio. Una maldición perfectamente en consonancia con la famosa y citada sería aquella que dijese "que te toque leer/escribir libros." En los tiempos adámicos de antes del pecado (únicos tiempos no interesantes) no había libros, porque cada cosa tenía ya su nombre perfectamente puesto. Lo que falta por averiguar, precisamente, es dónde comienza ese pecado, si al comer la fruta prohibida, o al iniciar la *ciencia del bien y del mal*, el tajo separador primigenio, la *différance* que Derrida diría de la *écriture*, es decir, al iniciar el proceso adámico por excelencia: la nominación. Como ha dicho Michel de Certeau,

> La nomination invente une terre nouvelle, à la manière des récits de voyage.[5]

Por todo esto rectifico, es decir, introduzco un vector de desviación a una supuesta perfecta hipótesis sobre el perfecto libro de la que habría de partirse necesariamente. Vemos en el primer capítulo del *Persiles*, y concretamente en la imagen de los cuatro bárbaros, la primera ironía, o, mejor dicho, el anuncio emblemático de todas las ironías y todas las desviaciones de la norma (aristotélica o canónica, o cualquiera que sea) a que alude Forcione, y del equilibrio (potencial, restaurado o restaurable) a que alude El Saffar. Sin un elemento radicalmente heterogéneo al texto (y al mundo), es decir, sin la divina Gracia, sin la divina misericordia, inescribible, indiegetible, la flecha va a destruir siempre el eterno plan de salvación. Los trabajos (de Periandro o de Cervantes) no bastan. "Cuando la flecha está en el arco, tiene que partir" es otro proverbio oriental que explica la autonomía de las fuerzas contrarias al sujeto en una forma ejemplar.[6] La flecha *tiene que* partir, y parte, de hecho, como ele-

---

[5] *La fable mystique* 185.
[6] Rafael Sánchez Ferlosio es quien mejor trata este tema, quien ha encontrado el

mento inexcusable en todo discurso, cortando, sin embargo, de raíz todo discurso, como en el caso de Clodio y de su muerte absurda, tremendamente irónica, por el flechazo del bárbaro Antonio, o en el caso de la parecida muerte de Bradamiro. Frente a este fin desastrado del discurso (el flechazo a Clodio es en la boca) de los "dejados de la mano de Dios" tenemos precisamente en el primer capítulo del *Persiles* la mayor aparente contradicción al proverbio chino tomado como axioma. Cito aquí el texto del *Persiles* con subrayados míos que lo relacionan con el axioma del proverbio oriental:

> El hermoso mozo, que por instantes *esperaba y temía* el golpe de la flecha amenazadora, encogía los hombros, apretaba los labios, enarcaba las cejas, y con silencio profundo, dentro de su corazón pedía al cielo, *no que le librase de aquel* tan cercano como cruel peligro, sino que le diese ánimo para sufrillo.
> Viendo lo cual, el bárbaro flechero, y sabiendo que no había de ser aquel el género de muerte con que le habían de quitar la vida, hallando la belleza del mozo piedad en la dureza de su corazón, *no quiso darle dilatada muerte, teniéndole siempre encarada la flecha al pecho*, y así, arrojó de sí el arco, y llegándose a él, por señas, como mejor pudo, le dio a entender que no quería matarle. (53)

Una cosa es la "verdadera muerte" que le van a dar (lo van a sacrificar una vez llegados a la isla), y otra cosa es la otra muerte *dilatada*, *esperada* que implica la flecha. La sintaxis de Cervantes pone a la muerte en relación con la flecha, por más que la semántica "deje claro" que la muerte preestablecida es ajena a la flecha. El proverbio chino condiciona la construcción de estos párrafos, de forma que sólo se puede salir de la *tensión* creada al *tensar* el arco mediante la *piedad*, el perdón, el olvido, la marcha atrás hasta llegar a un "aquí no ha pasado nada." Es, en verdad, un buen ángel de la guarda (su propia cara de ángel), un acto efectivamente sobrenatural (como sobrenatural es, en cierta medida, el que un recién nacido,

---

emblema máximo de la desgracia humana en estas palabras (véase su artículo del mismo título, además de su *Mientras no cambien los dioses, nada ha cambiado*, y otros muchos de los artículos coleccionados en *Ensayos y artículos*. Diana Wilson, he de notar aquí, parece no estar implícitamente en desacuerdo con esta forma de pensar al respecto de las flechas, cuando, refiriéndose a la flecha que mata a Bradamiro, de la que hablaremos un poco más abajo, dice que tal flecha "invites the predictable revenge scenario: one arrow leads to another" (*Allegories* 121).

todo debilidad, todo desamparo, pueda enternecer los pechos de los rufianes más endurecidos), lo que lo salva de la muerte. Tras tomarse el texto este trabajo, el de indicarnos que el bárbaro se apiada de Periandro, la balsa se va a hundir, de todos modos. Desde el punto de vista de economía narrativa, esto es puro despilfarro. ¿Qué necesidad tenía Periandro de salvarse del flechazo, de inspirarle compasión al bárbaro, etc., si es el naufragio lo que lo va a librar de los bárbaros, con o sin lástima? Antes de seguir con esto, veamos, sin embargo, cómo desde otro punto de vista, la flecha que el bárbaro dejó a un lado va a seguir su inevitable sino, que era el de *tener que partir* una vez puesta en el arco.

La flecha que no había salido del arco, contra todo pronóstico, para matar a Periandro, *parte*, sin embargo. Como bien dice Girard, la violencia puede ser transferida, aislada, pero no eliminada.[7] La flecha que va a matar poco más tarde a Bradamiro, y que, indefectiblemente, genera la espiral eterna de la venganza, es la misma flecha que milagrosamente *no* ha matado a Periandro, víctima sacrificial cuya muerte hubiera desviado la violencia, la trayectoria de la flecha. Bradamiro, y con él toda la isla, mueren en la medida en que Periandro se salva. En algún lugar hablaremos más adelante de Periandro como un problemático emblema de Cristo. Pues bien: he aquí una de sus primeras conexiones míticas con el Cristo: la de ser víctima sacrificial ("conviene que muera un hombre por todo el pueblo y no que perezca todo el pueblo" *Juan*, 11, 50), que debía haber salvado la isla, y que, sin embargo, al salvarse él, la condena. La flecha que *no mata* a Periandro es exactamente la misma que *mata* a Bradamiro, como el cordero sacrificado por Abel es *el mismo* que Dios envía a Abraham para sacrificar a Isaac, según la tradición musulmana a que se refiere Girard.[8] Es, en verdad, de una increíble coincidencia, como dice Bandera, que si no es un accidente histórico el pasar de Girard de *Mensonge romantique* a *La violence et le sacré*, tampoco lo sea en el caso de Cervantes el pasar del *Quijote* al *Persiles*.[9] Tanto en el *Quijote* como en *Mensonge*... se habla de libros, y de "la época"; tanto en el *Persiles* como en *La violence*... se habla de víctimas propiciatorias en una época atem-

---

[7] Como la *energía* de la ciencia de la física, que, al parecer, "ni se crea, ni se destruye: se transforma."
[8] *La violence et le sacré* 18.
[9] Bandera, "An Open Letter to Ruth El Saffar" 105, y también en "The Doubles Reconciled" 1013.

poral. Son estas víctimas propiciatorias, además, figuras sacrosantas, dioses/cristos que o se sacrifican o exigen sacrificios. [10] Quienes ven, o recuperan, en el *Persiles* a la Madre (sea ésta Coatlicue o Malinche) se mantienen sordos, sin embargo, a los gritos de Magsimino, el hermano de Persiles, el que tiene que morir para que Persiles salga triunfador de sus trabajos. Casalduero en esto tuvo la intuición correcta, al resumir tajantemente el *Persiles* de esta manera:

> Argumento. Historia de un segundón que con la protección materna logra suplantar al primogénito. (281)

Da en el blanco Casalduero, pues no está describiendo sino la historia de Esaú y Jacob, historia sacrificial, si las hay, como demostró Girard.[11]

Mas, retomando el hilo, tan irónico como que la flecha que no mata a Periandro mate, en cambio, a Bradamiro es el hecho de que Periandro se salve de la muerte por un quehacer de su buen ángel de la guarda, y que, a pesar de estar ya "salvado," la balsa se tenga que hundir. El orden de los sucesos introduce sutilmente una falta de lógica que sólo puede ser explicada por el "Dios que se mueve por sendas misteriosas." En efecto: no hace falta que el bárbaro sienta compasión de Periandro para que éste se salve. El mero hundimiento de la balsa lo hubiera salvado igualmente de la muerte. Esa mención de la "lástima" del bárbaro es tan gratuita, que incluso parece un fallo diegético cervantino, una de sus famosas debilidades de *dispositio*, uno de sus célebres "despistes." Lo que está en clave es la ironía, la constatación de la *gratuidad* (palabra derivada de *gratia*, situada en las antípodas de *interés*, ya que lo gratuito niega todo valor) de los eventos movidos por el dedo antidiegético de la Providencia; la primera intervención en el *Persiles* de ese Dios que se mueve de manera misteriosa: intervención que se hará presente, entre otros muchos casos, en dos que completan una simétrica estructura con este que está al principio de la novela, es decir, en dos casos que están, respectivamente, en el centro y al final. Del úl-

---

[10] En las religiones mesoamericanas existe, por ejemplo, Quetzalcoatl, una variedad de Cristo, de Osiris, que se sacrifica, pero que es *gemelo* (*coatl*, es decir, *cuate*) de Huitzilopochtli o Tezcatlipoca, que, como es de común conocimiento, son nombres del dios sediento de sangre.

[11] *La violence* 18-19.

timo capítulo dije ya algo, mas es en mi último capítulo donde me ocuparé de él. Aquí me ocuparé del *centro*.

El centro de la novela está ocupado exactamente por la cita que he venido considerando en tantos otros modos *central* del *Persiles*, es decir, por la que dio pie a mi modelo cosmológico del capítulo 1, y que transcribo aquí de nuevo:

> Como están nuestras almas siempre en continuo movimiento, y no pueden parar ni sosegar sino en su centro, que es Dios. (275)

Es decir, que el centro-centro del texto del *Persiles* está ocupado por Dios. Sin embargo, si hemos de hacer caso a los críticos, de Forcione a Baena, el *centro* de la novela es demasiado diverso como para ser *centro*. Si yo dije "el relato de la isla de Policarpo es el centro de la novela," [12] otras veces se ha establecido el centro en el episodio de Feliciana de la Voz, [13] y el centro de ese centro sería el himno de Feliciana. Ahora bien, el propio Forcione da en su otro gran estudio una centralidad clave a la narración de Periandro, centralidad compartida en gran medida por Ruth El Saffar (véase, por ejemplo, su "Periandro, Exemplary Character, Exemplary Narrator"). No deja de haber similitud entre estos dos *centros*, el uno *centrado*, valga la redundancia, en Periandro y su narración, y el otro en Feliciana y su canto. Cuando se escoge como centro a Feliciana, se está deliberadamente yendo al episodio *inmediatamente después* de la obvia ruptura que hay entre las dos mitades del *Persiles*; si se escoge a Periandro y su narración, se escoge lo *inmediatamente anterior* a esa ruptura. Cuando yo escogía la isla de Policarpo, escogía el último *lugar* antes de esa ruptura, y ahora, al escoger la cita de las almas en movimiento con Dios en el centro, escojo lo inmediatamente posterior a la ruptura misma, ruptura que sería el único y verdadero centro, ausencia más que presencia, y de ahí la inmediatez a ese corte, vacío, raja del nombre de Dios. Ahora bien, dado que el centro *verdadero* es la ruptura, todo lo demás no es sino, casi como en una elipse, *foco*, centro relativo. Uno de los *focos* del *Persiles* es Feliciana con su himno y su canto. De ese foco se ocupa bien y en detalle Wilson. El otro *foco*, sin embargo, es esa narración de Periandro por su carácter de espejo de la narración cer-

---

[12] "La utopía del novelista" 135.
[13] Forcione, *Christian Romance* 88; Casalduero 184; Wilson, *Allegories* 101.

vantina además de por su posición simétrica con la historia de Feliciana. Y si, en la historia de Feliciana, el "centro del centro" lo ocupaba el himno, ahora el "centro del centro" lo va a ocupar el extraño, increíble y gratuito episodio del caballo de Cratilo. En otra ocasión me ocupé de él con algún detalle,[14] llegando a la conclusión de que lo único incongruente en tan bizarra historia era precisamente la negativa a creerla por parte de los oyentes, teniendo delante de sus ojos algo aún más increíble, como era la conversión de Renato, y habiendo esos oyentes sido objeto predilecto de la intervención sobrenatural ante la que tan escépticos se muestran. "No creerán aunque resucite un muerto" dice Cristo de sus compatriotas. El episodio del caballo de Cratilo es perfectamente lógico si no se es saduceo: si no se descree de la Resurrección. Tanto trabajo, para que al fin sea un acto sobrenatural el que salva a Periandro de la muerte, puede sonar incomprensible. Tanto trabajo cervantino para, total, brindarnos una historia absurda, puede sonar, y ha sonado, y suena, preocupante. Sobre todo, añadiría yo, porque el inverosímil episodio está en el mero centro de una narración que centra una novela cuya simetría de partes es casi obsesiva. Y más aún, si se piensa que esa misma incongruencia está, como hemos señalado, en el episodio de los cuatro bárbaros del primer capítulo, y que aparecerá en el mismo final del libro: la llegada a Roma.

Pues, en efecto, el camino corto, el *atajo*, ese *leap of faith*, ese verdadero *salto mortal* –arrojarse a la muerte sin miedo, sabiendo que "no te va a pasar nada"–, ese desvío del camino preestablecido, que viola todas las leyes de la física y de la mecánica celestes, esa línea directa con *Roma* (la Roma metafísica y la otra, de las que ahora hablaremos), consiste en cambiar de "medio de transporte": en montar, a pelo, sin estribos, sin brida, sin silla ni sillón, el caballo de Cratilo. Si de verdad quieren ir a *Roma*, y rápidamente, Renato y Eusebia les están mostrando el camino. La discusión entre los oyentes de la historia de los dos ermitaños tiene tanto de cuestión de credibilidad como de *racionalización*. Se *racionaliza* (incluso Periandro lo hace) la pregunta obvia: "¿Por qué no nos quedamos todos aquí imitando a los eremitas de santísima vida?" En el proceso de racionalización, de verdadera excusa no ya por no quedarse, sino por ni siquiera contestar a la pregunta, es Roma, la Roma ex-

---

[14] En "Trabajo y aventura: el criterio del caballo."

terna, la Roma como lugar de peregrinación, lleno de iglesias que visitar y de pies de pontífices que besar, la que se interpone, como tal excusa, entre los peregrinos y *Roma* entendida como "lugar del sosiego," punto cero de la órbita del espíritu. Ahora bien, si esa Roma es una excusa (una especie de "bien nos gustaría quedarnos, pero comprenda usted que tenemos mucho que hacer"),[15] ¿qué excusa interponer en una situación análoga cuando *ya* han llegado a Roma? Es decir, ¿cómo decirle a Auristela que *no* cuando se quiere meter monja, sin que con ese *no* se desvirtúe, se tambalee toda la arquitectura simbólico-alegórica del *Persiles*?

Pues, si bien es innegable que con esa propuesta de "matrimonio-como-vía-(erasmista)-alternativa-igualmente-válida-(si no más)-que-el-convento" se está obedeciendo a una iglesia postridentina (burguesa, acaso) predicadora de la moderación-medianía-*mediocritas*, es igualmente innegable que la Iglesia, y la Iglesia española no menos que las de otros países, ofrece, y hasta promociona, con las más descaradas campañas publicitarias, con el más refinado *marketing*, diversas formas de *atajo* al cielo. Aquí no hallo más remedio que dar un rodeo en mi camino a Roma para poder hablar del atajo.

El *atajo* es antiguo y cercano amigo de la impaciencia y del perderse por querer ir más rápido. No podemos dejar de ver en el caballo de Cratilo un *atajo*, además de por lo ya dicho, por su obvia conexión con Clavileño, que justifica su uso de la siguiente manera en el *Quijote*:

> Es el caso –respondió la Dolorida– que desde aquí al reino de Cendaya, si se va por tierra hay cinco mil leguas, dos más o menos; pero si se va por el aire, y por la línea recta, hay tres mil y docientas y veinte y siete. Es también de saber que Malambruno me dijo . . . que él enviaría una cabalgadura . . . [que] . . . vuela por el aire con tanta ligereza, que parece que los mesmos diablos le llevan (*Quijote* II 40)

---

[15] Se alude en el texto del *Persiles*, en apariencia, a la "vida solitaria" en forma análoga a como lo hace Fray Luis de León en su famosa oda. Mas sólo en apariencia, pues a lo que realmente se alude es al original épodo de Horacio *Beatus Ille*, de bien distinto "final" que la oda de Fray Luis: en Horacio, el usurero que brevemente se dejó llevar por el *"What if?"* termina volviendo a sus ocupaciones, siendo el amor por la vida solitaria sólo un breve paréntesis idealista en su rutinaria y voluntariamente aceptada existencia.

Prisa, pues, en llegar, que se suma a otra prisa:

> Llegó en esto la noche, y con ella el punto determinado en que el famoso caballo Clavileño viniese, cuya tardanza fatigaba ya a don Quijote... (*Quijote* II 41)

Este tiempo del que espera, que "se hace eterno" es tan relativista, tan einsteniano como el tiempo "comprimido" en que don Quijote y Sancho llevan a cabo su aventura "con sólo intentarla" (tiempo comprimido paralelo al espacio comprimido que genialmente ejemplifica Sancho con su famosa reducción de tierra y hombres a grano de mostaza y avellanas respectivamente). La sonrisa cervantina ante la impaciencia, que por la doble razón de "llegar pronto a Cendaya" y "fatigar ya la tardanza" *hace* que se suba uno a Clavileño es una sonrisa evidente. Es más evidente aún, si pensamos que, además del paralelismo en la genealogía intertextual de los dos caballos, es muy verosímil la hipótesis de Avalle-Arce según la cual Cervantes tenía sobre su escritorio, uno al lado del otro, los dos manuscritos, el del *Quijote* y el del *Persiles*, o sea: los dos caballos, como en un viejo mito griego, en paralelo, listos para arrastrar un carro solar. Si Clavileño es el lado bufo del caballo de Cratilo, éste es el lado serio de Clavileño. Ambos episodios acaban con un descreimiento total, sólo solucionado por el compromiso, de quienes cuentan historias "imposibles." Así, a Periandro sólo se le da crédito (nunca mejor dicho lo de *crédito*, en su sentido económico de "tener solvencia," de "no haber nunca defraudado") en razón del crédito que ya existe ("al que tiene, se le dará, en cambio..."):

> pero el crédito que todos tenían de Periandro les hizo no pasar adelante con la duda del no creerle: que así como es pena del mentiroso, que cuando diga verdad no se le crea, así es gloria del bien acreditado el ser creído cuando diga mentira. (267)

Mientras que el problema de credibilidad, en el caso de Clavileño, termina con esta contundente frase igualmente *económica*, por cuanto supone de cínico *do ut des*, salida nada menos que de la boca de don Quijote:

> —Sancho, pues vos queréis que se os crea lo que habéis visto en el cielo, yo quiero que vos me creáis a mí lo que vi en la cueva de Montesinos. Y no os digo más. (*Quijote* II 41)

Este paralelismo inaudito entre los dos caballos lo traigo a colación para ilustrar lo que constituía el fondo de sus anécdotas: la de vehículos de la prisa, la de *atajos* para llegar (a Cendaya o a esa *Roma* metafísica concebida como sosiego y fin de viaje). Esa impaciencia no es sino la que se puede epitomizar en ese "acaba de entregarte ya de vero" de San Juan de la Cruz, que parece ser la forma barroca española de esperar a Godot. Antes que esperar a la muerte (el inevitable y literal *salto mortal*), se buscan mil modos de unión inmediata, *aquí y ahora* con Dios. Hay una verdadera obsesión por el *aquí* y el *ahora* de la presencia divina (acaso porque se intuya que ese Dios ya no está, ni estará nunca más, en ninguna parte). Una de las formas en que se manifiesta esa obsesión es la Eucaristía, con su insistencia dogmática en la "presencia real y verdadera," por una parte, y con su insistencia en la comunión frecuente, diaria a ser posible, que se recomienda más y más frente a la vieja costumbre de comulgar lo menos posible, e incluso de tener a gala, como humildad, el no comulgar.[16] Otra forma externa de esta obsesión con el *aquí y ahora*, o sea, la impaciencia, es la "vía" mística, y no importa aquí si se trata de mística ortodoxa u heterodoxa. Una tercera forma externa de esa prisa es, en fin, el monacato, la profesión, la "huida del mundo." Todas ellas son, en cierto modo, una huida del mundo, pues son huidas del cosmos tal como el mismo Dios lo ha organizado (orbital, planetario, etc.), para tomar las tangentes, o los radios, o las secantes, en un intento de llegar al "centro" que no por ser intento tramposo deja de admirar, y hasta de servir de modelo.

Volviendo a Roma, pues, desde el irónico atajo que me hizo dar tan largo rodeo, hay que decir que Roma en el *Persiles* es desconcertante. Es tan anticlimática, que ha hecho incluso pensar si todo el *Persiles* no es más que un cínico cuento de desengaño.[17] Es en Roma donde más se nota la lejanía, la ausencia de *Roma* entendida

---

[16] Dos manifestaciones *culturales* de esta nueva obsesión por la comunión son el gran desarrollo del Auto Sacramental, cuya razón de ser no es otra que el *Corpus Christi*, y las bellísimas *custodias*, todavía hoy orgullo de los museos catedralicios y menores sacristías. La custodia insiste, obsesiva, en señalar con todo el poder de su diseño un *centro* (por otra parte vacío si se quita la hostia). Toda la labor del orfebre va, como en una diana, a decir "aquí es, y no en otra parte."

[17] Se lo hizo pensar a mi amigo Roberto Valero, hace ya varios años. No creo estar haciendo aquí justicia a su idea, ni estar completándola, pero al menos hago constar algo que la muerte procuró que no constara en ninguna parte.

como Centro, o como Norte psicológico, metafísico, teológico. Tanto trabajo para llegar a una Roma desde el norte (a un Norte metafísico desde el norte físico, o a un Norte-luz desde un Norte-tinieblas), para que esa Roma sea completamente decepcionante, para que, como dice Wilson, se vengan a encontrar en Roma los mismos y sublunares problemas básicos de la Isla Bárbara,[18] o para que, como dice Cesáreo Bandera,[19] al haber desaparecido todo obstáculo, se encuentren Periandro y Auristela con que el obstáculo que les separa es precisamente esa falta de obstáculo. Aquí se cumple la maldición gitana de "pleitos tengas, y los ganes." Periandro y Auristela han ganado su pleito clarísimamente.[20] Se ha llegado aparentemente al Norte, al cero, es decir, a un n que ya no admite más $+1$ posible, mas he aquí que ese pseudo-Norte, ese pseudo-cero no es sino el final de la gran órbita, punto en que no se obtiene la quietud, sino sólo el comienzo de otra órbita, una órbita que es ya otra historia, otro libro: el de esos hijos, nietos y bisnietos de Persiles y Sigismunda, *paridos* por Persiles y Sigismunda, con que termina la narración en el más amargo y resignado de los *happy endings* acaso jamás escrito. Como se verá en el capítulo 6, al final del *Persiles*, hay una *morgue*, y de la *morgue* sólo se sale para ir al sepulcro, o sea, a la mazmorra ("antes sepultura que prisión") de donde se saca en el mismísimo comienzo a Periandro. Cervantes había anunciado "ya estoy *acabando* el *Persiles*" (subrayado mío). Para afirmar eso, algo había de tener escrito o en proceso de escritura que fuera *acabamiento* de la obra. No necesariamente detalles de tal o cual episodio, detalles de lo que un artista llama *acabado*. Es obvio que la obra no está *acabada* según esta noción de acabamiento. Ese algo que acababa el *Persiles* es algo estructural, algo *final*, algo que, a pesar de la rapidez con que están escritos los últimos episodios (a vuelapluma, sin detalles de *acabado*), le permitiera afirmar que estaba finalizando la obra. Y es que metafísica, cosmológicamente, el modelo epicíclico, en su perfecta imperfección, nos ofrece el mode-

---

[18] *Allegories* 122 y 210 y ss.
[19] En el capítulo "El final del itinerario de Persiles y Sigismunda" de *Mímesis conflictiva*, concretamente la p. 127.
[20] En este sentido, me parece acertada la traducción del título del *Persiles* que hacen Weller y Colahan (*The* trials *of Persiles and Sigismunda*). Los *trabajos* serían *trials* (pleitos) que no generarían nunca la felicidad, especialmente, como en la maldición gitana, si se ganan.

lo católico del cosmos, que incluye la fuerza contraria vectorial sólo corregible, sólo rectificable, por una *fuerza mayor*, por ese ente radicalmente heterogéneo de que hablaba Pascal (y de Man, *vid. supra*), y que simbolizamos por el *cero*, por ese algo que, cuando actúa fuera de la diégesis, comporta la quietud, pero que, cuando actúa dentro de ella, todavía en la ficción, necesariamente disfrazado de *uno*, no corrige de una vez por todas, a no ser que elimine toda ficción, toda diégesis, todo movimiento trazador: mientras haya vida. Mientras haya número, no puede llegarse al cero. El centro no puede pertenecer a la órbita. La ruptura al silencio, a la ausencia de discurso es la ruptura a la muerte. Me propuse empezar por el primer capítulo, creyéndolo ser primero, pero en el prólogo se nos dice "caminemos en buena conversación lo poco que nos falta del camino." Rectifico mi plan. Por ahí debería haber empezado.[21]

El episodio del caballo de Cratilo no puede ser entendido dentro del texto, pues viola todas las normas de construcción de tal texto. Sólo un absoluto acto de fe permite a Periandro ser creído, mas, para tal acto de fe, no hace falta texto, ni palabras. Es clave para comprender el episodio el hecho de que se inserta como una *interrupción*, como una *rectificación*, en la discusión que sobre la historia de Renato y Eusebia (igualmente difícil de creer) tienen Mauricio y los otros viajeros. Dada la afición cervantina por las *interrupciones*, por una parte, y por los cuentos *que vienen como de molde*, por otra, una interrupción que viene como de molde es do-

---

[21] Son ya dos los colegas que, leyendo esto, se han echado las manos a la cabeza, y sólo han seguido leyendo por cortesía profesional, y seguro que serán más los que reaccionen a esta auténtica provocación por mi parte. Debo, pues, explicarme. Lo que quiero mostrar no es una forma alternativa de haber abordado este trabajo (que seguramente las hay, y no sólo una), sino que todo "por aquí no es" se dice cuando ya se ha avanzado por el camino equivocado, que precisamente porque se ha caminado ese camino se puede decir "por aquí no es." Asumo (con una enorme sonrisa) mi "equivocación" sólo para poner de relieve lo fútil de cualquier enmienda. Ningún "otro" primer paso es mejor que el que hemos dado ya. Ese es mi mensaje. Doto a mi discurso de la figura de un camino que se rectifica, de una plana enmendada con los borrones bien visibles, para ilustrar de esa manera el propio *Persiles* deconstruido, al que se le ven, como a los cuadros de Velázquez, esas enmiendas, esas rectificaciones, esos "arrepentimientos." Cervantes es demasiado penetrante como para no darse cuenta de que la plana "pasada a limpio" es mucho menos interesante que el original del que se pasó, con los errores, las tachaduras, las enmiendas. Toda plana pasada a limpio oculta la mitad de la verdad.

blemente interesante. Se relaciona estrechamente con el cuento de Sancho y con la historia de Cardenio. Bandera ha mostrado como nadie el efecto destructor de la interrupción en ambos casos, y a la atenta lectura de su *Mímesis conflictiva* remito al lector. El relato se resiste a ser invadido desde fuera, so pena que su violencia subyacente sea violentada. De la misma manera, la historia del caballo de Cratilo introduce un elemento de violencia básico en el texto del relato explicativo del "caso" Renato-Eusebia: el caballo con su salto al vacío *sin apoyo*, con lo que en inglés mejor que en español se llama un *leap of faith*, salta por encima de toda sintaxis, de toda apoyatura en el *logos* entretejedor. El caballo de Cratilo hace violencia a la violencia: he ahí el *locus* de la paz. Todo pretendido discurso sobre la viabilidad de la castidad en la flaca carne de Eusebia y Renato queda pospuesto *sine die* tras la grotesca interrupción. Después de hablarnos de caballos que vuelan, de patas irrompibles, es absolutamente impertinente hablar de lo que se estaba hablando. Para romper el efecto rompedor de Periandro, hay que interrumpir a Periandro como él interrumpió. *Quiere* Mauricio, literalmente "quisiera que [el caballo] se hubiera roto tres o cuatro piernas" (266), mas para romper esas piernas no basta con "pensar": es necesario decir, interrumpir, narrar:

> Y como no pudieron estorbar los pensamientos de Mauricio la plática de Periandro, prosiguió la suya diciendo . . . (267)

Nótese, incluso, lo forzado de la sintaxis, donde para que, en efecto, nada separe a Periandro de su plática, no se incluye en el texto el casi necesario "éste" o "el mancebo" o "nuestro héroe" entre "Periandro" y "prosiguió." Si hay un corolario a la cita *central* del *Persiles*, la que tiene a Dios a su vez por centro, ese corolario no es sino el siguiente, que representaría su *negativo*:

> Todos deseaban, pero a ninguno se le cumplían sus deseos: condición de la naturaleza humana, que puesto que Dios la crió perfecta, nosotros, por nuestra culpa, la hallamos siempre falta, la cual falta siempre la ha de haber mientras no dejemos de desear. (176)

Esa culpa, claro está que es el pecado de Adán, mas no estaba claro si la famosa fruta no era sino acompañante, mero comparsa del auténtico acto de pecado: el de nombrar, que, como decía Certeau, se asemejaba a las novelas de aventuras, es decir, al *Persiles*. Si la *falta* (que se asimila a la *culpa*, en un interesante problema de traducción para un francés, para el cual ambas palabras serían *faute*) se asimila al *deseo*, en la naturaleza de ese deseo tendremos escrito el remedio, si lo hay. René Girard nos puso en guardia, Cesáreo Bandera nos tiró el *Quijote* a la cara para despertarnos, y va a ser mi firme convicción de que el *Persiles*, y por la boca de nada más y nada menos que su *narrador y personaje perfecto*, nos va a decir una vez más que ese deseo es mimético, y que por lo tanto tiene poco arreglo fuera de la mímesis. En efecto, si Mauricio deseaba callar a Periandro, pero no puede hacerle callar sin interrumpirle, y si el deseo, por otra parte, es lo que causa la falta que a su vez causó la culpa, resulta que Periandro nos dice que

> no me dejan resolver mis deseos, ni mudar de vida la priesa que me da el caballo de Cratilo, en quien quedé de mi historia. (265)

Esto establece una clarísima continuación a la cita de más arriba: a "la cual falta siempre la ha de haber mientras no dejemos de desear" se puede añadir, tras escuchar a Periandro, "y no dejaremos de desear mientras no terminemos de contar/escuchar la historia." No todos son Periandros, es cierto, como no todos eran Cardenios,[22] mas es sintomático que si Periandro se muere por narrar,

> Todos se alegraron oyendo esto, por ver que quería Periandro volver a su tantas veces comenzado y no acabado cuento, que fue así . . . (265)

Todos, es decir, tanto los que asisten a la escena dentro de la novela, como nosotros, los lectores. El *desocupado lector* de fuera, una vez más, ¿no tiene su retrato, su *figura* en el desocupado lector que un día decide llamarse don Quijote? No se puede parar sino en el

---

[22] Aludo aquí a una de las más afiladas dagas que llevaban la intención de hacer trizas la tesis de Bandera, en su controversia con Morón Arroyo y El Saffar: la aparente falta de homología entre Cardenio y otros personajes que no se vuelven locos como él, bien porque son mujeres (a un Cardenio loco debería corresponder una Luscinda loca, pero eso no ocurre), bien porque metafísicamente hay otras salidas (historia del Cautivo). Véanse las respuestas y contrarrespuestas entre Bandera, Morón y El Saffar en las revistas *Diacritics* y *Cervantes*.

centro, y ese centro está más allá, en efecto *beyond fiction*, fuera de la narración. Si no fuera porque fuera de la narración lo que hay es la vida humana, tendríamos motivo para sonreír.

La cuaternidad reposada, lo que Paul de Man llamaba "the four intrawordly dimensions on which divine order depends," y que Ferlosio llamaría –creo que conmigo– "la manía de hacer cuadrar los libros," se realiza en la praxis textual necesariamente como una instancia de *n+1* (concretamente 3+1) inevitable y anagógica de todo periplo, de toda vectorialidad, representada por la flecha. Todos los esquemas metafóricos de la novela (desde la imagen cósmica de "almas en constante movimiento," la de peregrinación, la del axial *norte*) simultanean la idea de un *centro* o dualidad perfecta *posible* ("la mitad de mi alma," etc.) con una inevitabilidad del movimiento, que, desde el punto de vista del *deseo*, es, no ya *suma* (plusvalía, interés, etc.) sino *resta* (carencia, débito, falta, culpa). *N+1 es N-1*. En el fondo, lo que le *sobra* al signo es lo que le *falta* al alma.

El texto, al ser una búsqueda de literalidad como *sensus* faltante en la plenitud cuaternaria de la teoría de los *sensi*, obedece al esquema mismo de vectorialidad obligada, en parte por la linealidad inherente al lenguaje, y en parte por la indecibilidad del mensaje, por el vacío absoluto del cero.

CAPÍTULO 6

IS THERE A WOMAN IN THIS CAVE?
(LA ÚLTIMA PALABRA: [IN]CONCLUSIONES)

> I have gone through this entire (exhausting) exercise not to disparage what I have found as a truly admirable and challenging book, but to offer an insight into the impasse it suggests that may help some of us begin to work past it.
> (Ruth El Saffar)

> After all, so far, one has always been able to hope that the world would outlive any individual's life, that there would be a posterity to straighten things out.
> (Cesáreo Bandera)

> D. JUAN: Déjame pasar.
> D. GONZALO: ¿Pasar?
> Por la punta de esta espada
> (Tirso de Molina)

Mal se nos presenta, pues, la búsqueda de la mujer, al menos de esa mujer como *cuarto término* equilibrante. Mas nos es necesario emprenderla.[1] Habíamos quedado en que el *parto*, que no nacimiento, de Periandro, colocaba en primerísimo plano a la mujer, puesto que *parto* era nacimiento desde el punto de vista de la mujer, no de la criatura, y *parir* el verbo *opuesto* a *nacer*. Habíamos asistido a un nacimiento gracias a que habíamos asistido a un parto. El comienzo de esa recuperación de lo femenino a que se refiere Ruth El

---

[1] Ahora, además, ya no está con nosotros Ruth El Saffar, que era el mejor guía que teníamos.

Saffar se encontraba, pues, en el mismo comienzo de la novela, mas no en la literalidad, no en el alegorizante. De hecho, la isla bárbara es una isla sin mujeres. Todo es femenino a nivel alegorizado, si es *parto*, pues el parto no es sino la parte femenina, exclusivamente femenina de la maldición divina ("parirás a tus hijos con dolor"). Casi nada es femenino, en cambio, a nivel alegorizante. A nivel alegorizante, lo femenino resalta por su ausencia. La única mujer del episodio (Cloelia) es ignorada, estando ahí. Ha estado siempre, mas no la ven. Más que recobrarla (*re-cover*) hay que descubrirla (*discover*).

> Haz, oh Cloelia ... que ... salga ... aquel mancebo ... y mira bien si, entre las mujeres de la pasada presa, hay alguna que merezca nuestra compañía ... (51)

¿Será coincidencia que Cervantes comienza su libro con una pregunta que parece hermana gemela [2] de aquella ("is there a woman in this text?") con la que Ruth El Saffar comienza *Beyond Fiction*? ¿Acaso no está en el centro de la pregunta del bárbaro la pregunta cervantina: ¿hay una mujer en la cueva?

Notemos que no hay respuesta, ni siquiera indirecta, a la pregunta. Parece tal pregunta otro de los "descuidos diegéticos" de Cervantes. En ningún momento del capítulo se vuelve a mencionar esa parte del requerimiento de Corsicurbo. No le responden ni que sí ni que no. El lector "sabe" (por competencia comunicativa-lectora) que a) no hay tal mujer (pues no aparece, ni se hace referencia a ella), y b) sí hay tal mujer (está Cloelia, y si Cloelia no cuenta –no "merece la compañía"–, está la cueva en sí, el útero, la metonimia del cuerpo de la mujer.

¿Hay una mujer en este texto? Parece, tras lo meditado hasta ahora, que hay un cuerpo (un útero, pariendo), pero que ese cuerpo no está en un mundo femenino, no está rodeado de feminidad, en otras palabras (y en inglés, por lo de la resonancia con Stanley Fish, que inició El Saffar y que yo prosigo), hay cuerpo, pero ese cuerpo no está en mujer alguna. *There is a body; the body is not in a woman.*

---

[2] Tan hermana gemela como lo es Auristela de Periandro, hermanos uterinos que, sin embargo, no se ven, no se encuentran en la cueva, por más que de ella salgan ambos, en otro "despiste" cervantino.

Por otra parte, la ausencia de respuesta a la pregunta del bárbaro nos hace concluir que en ese cuerpo, en ese útero, no hay mujer: *there is no woman in the body*.

Y, finalmente, al ver a nivel alegorizado el parto, tenemos que concluir que hay una mujer, mas esta mujer no está literalizada, no está encarnada ni escrita. La mujer no está en el cuerpo, ni hay cuerpo en la mujer: *there is a woman; the woman is not in the body. There is no body in the woman.*

Es Periandro (esencia masculina) el que está en el cuerpo femenino (la cueva). Y la cueva (cuerpo femenino) está rodeada de masculinidad.

Esta división es la dolorosa partición del andrógino, como con lujo de detalles expone Diana Wilson, y esa presencia-ausencia de la mujer es lo que propone solucionar Cervantes en el *Persiles*, como en forma igualmente detallada expone Ruth El Saffar. Poco nuevo, pues, he dicho, excepto ejemplificar sin salirme de las primeras páginas de la novela, es decir, obviar aún más respuestas anteriores basadas en más abstractas razones. Añadiría aún una cosa, y es la dicotomía entre la literalidad y la alegoría (entre lo alegorizante y lo alegorizado) en términos de texto: tenemos como respuesta a la pregunta del bárbaro dos apreciaciones:

1) Tenemos un cuerpo, pero no una mujer (Cloelia). Cloelia (uno de los "cuerpos" que textualmente se citan en el párrafo anterior al requerimiento de Corsicurbo) no es agente de la feminidad que leemos a nivel alegórico como *parto* (mujer-en-su-trabajo).

2) Tenemos una mujer, pero no un cuerpo. El parto, la cueva como útero, etc. se leen a nivel alegórico. A "esa" mujer (la alegórica) le falta cuerpo. A "aquel" cuerpo (al literal de Cloelia) le falta feminidad.

Es decir, que la situación inicial del *Persiles* nos presenta una mujer sin cuerpo y un cuerpo sin mujer. Y lo que separa a cada uno de los elementos del otro es la textualidad: el cuerpo ha de buscar a la mujer en lo alegorizado, y ésta ha de buscar su cuerpo en lo alegorizante. Es la historia de Mahoma y la montaña. Si el texto en su literalidad y con su cuerpo no quiere ir a la mujer en busca de su esencia, la mujer debe ir al texto en busca de su cuerpo. Tal reencuentro es la meta.

Y aún otra cosa más. Periandro, masculinidad "merecedora," sí encuentra su cuerpo a costa de abandonar toda feminidad. Tenemos en Periandro un cuerpo masculino en una esencia masculina (que ha sido "alzado" fuera del cuerpo femenino), en un mundo masculino del que ha sido suprimida toda feminidad. La radical asimetría entre la carencia de Periandro y la de esa *mujer desincorporada* o *cuerpo desfeminizado* a que nos referíamos, es obvia. No existe, a pesar de todas las simetrías habidas y por haber que presenta el *Persiles*, una simetría entre Persiles y Sigismunda –Periandro y Auristela–. Lo masculino no se pierde, no se recobra. Lo femenino, sí. Por parte de ambos. El Saffar tendría razón, y es absurdo hablar de la recuperación de lo masculino como un opuesto a la recuperación de lo femenino. Esta radical asimetría dará al traste con todas las cuadrículas numéricas que se quieran hacer.

No deja de ser razonable que, si queremos saber si la mujer faltante ha sido encontrada, acudamos al final del libro en su búsqueda, de la misma manera que, si queremos saber quién es el asesino (o, mejor dicho, saber si el detective encuentra al asesino, y, en ese caso, quién es el asesino), acudimos al último capítulo, ya de Sherlock Holmes, ya de *El nombre de la rosa*. Vamos a ello.

Rafael Sánchez Ferlosio ha escrito una bella parábola titulada "El reincidente," que creo que ilustra perfectamente estas páginas finales mías, y que, concentrándose en un *volver* que yo veo esencial en las últimas palabras del *Persiles*, y poniendo en las puertas del cielo un *Vuelva usted mañana* análogo al que yo pongo en mis propias últimas palabras, me servirá de introducción a lo que me queda por decir. Cuenta Ferlosio que, muerto el lobo, es rechazado del Paraíso por asesino, con lo que vuelve a la tierra y deja de matar, para vivir de lo que puede allegar aquí y allá. Es ahora rechazado por ladrón. *Vuelve* el lobo una tercera vez a llamar a las puertas del cielo, y no recibe sino las enojadas palabras del querubín, que terminan así:

> ¡y a despecho de todo te has empeñado en volver una tercera! ¡Sea, pues! ¡Tú lo has querido! Ahora te irás como las otras veces, pero esta vez no volverás jamás. Ya no es por asesino. Tampoco es por ladrón. Ahora es por lobo.[3]

Sobre los últimos capítulos del *Persiles*, sobre ese "final de jornada," ha escrito Cesáreo Bandera un capítulo de su controvertido *Mímesis conflictiva*. En ese capítulo descansa mucha de la fuerza de

---

[3] "El reincidente," en *Ensayos y artículos* I 636.

convicción de todo el planteamiento de Girard/Bandera con respecto a Cervantes, ya que, si ese final del *Persiles* es un caso más de violencia gratuita, de ficción alimentada de sí misma, de deseo triangular nunca cuadriculable, entonces todo lo demás lo es. Si el final del *Persiles* debe ser nada menos que la resolución armónica construida con mayor esfuerzo, con mayores *trabajos*, de toda la producción cervantina (el punto del itinerario donde una ya anunciada Roma funciona como "el cielo de la tierra," ese *norte* que se anunciaba desde el título –*Historia septentrional*), entonces, la presencia de la molesta punta del triángulo, de la punta de la flecha todavía en la cara de los protagonistas, desvirtuaría la resolución, la cuadratura, allí donde más importante es que no sea desvirtuada. El pecado era *original*, es decir, que esperamos su fuerza en el *origen*, en el punto de partida del vector, en el arco de donde salía la flecha. Tras toda la energía gastada en tanto *trabajo*, que va desde la pasión de Cristo hasta la elaboración del *Persiles*, esperaríamos la fuerza de la flecha aminorada, su trayectoria superada, o desviada. Si la flecha aparece con su fuerza de siempre en el capítulo final, nada hemos ganado. Forcione lo sintetiza admirablemente en el resumen que de sus estudios hace para la *Historia y crítica* dirigida por Francisco Rico: en Roma han de descubrir los peregrinos "la *imagen* de ese punto en el que se extingue todo deseo, ese punto al que conduce la peregrinación del hombre a través de los tortuosos caminos de la vida terrena."[4] El subrayado es mío, y en ese acto primario de *trazar* que es el subrayar estableceré mi diferencia con Forcione, pues en la naturaleza de esa cosa, de esa *imagen*, en su carácter o no de rostro verdadero, de *figura*, estriba la perfección de la cuadratura última o su eterno fracaso, su eterno silencio por morir de un flechazo en la boca, como había muerto Bradamiro, como había muerto Clodio. Visto sin subrayado, vista esa *imagen* como equivalente de lo imaginado, la búsqueda tiene éxito. La imagen es, de verdad, figura: el rostro del amado: verdadera *presencia y figura* que, como decían los versos del místico, curan la enfermedad de raíz. Pero el problema con toda imagen, con toda figuración, es que, más que *figura* en el sentido de acompañante de la *presencia*, es *figura* en el sentido de vicario o mensajero, *que no saben decirme lo que quiero*, en palabras del mismo San Juan de la Cruz que son ya emblemáticas de la insuficiencia del lenguaje y del *logos*; que son

---

[4] *Historia y crítica* 660.

ya emblemáticas de la *ausencia*, del *no sé qué que queda balbuciendo*. El problema de toda imagen es, pues, en suma, que *no es* lo imaginado, ya no digamos cuando lo imaginado es nada menos que "el punto en el que se extingue todo deseo," sino incluso cuando lo imaginado en la imagen es Dulcinea, o, más simplemente aún, Rocinante. O al revés: sucede que nada en Dulcinea es más que *imagen*, y nada en Roma es más que construcción del discurso, es decir, que Roma o Dulcinea son todo imagen, todo rostro, todo *figura*; que Roma, la archi-Roma como real y verdadero punto cero del deseo es inescribible, o es sólo escribible. En ambos casos, su momento de aproximación máxima, de distancia mínima, coincide con la destrucción del lenguaje y del discurso. Como bien sabían los místicos, sólo la ausencia, sólo lo que no está es escribible.

Toda Roma *escrita* es necesariamente decepcionante, y, en efecto, la Roma del *Persiles* lo es. Como telón de fondo para la apoteosis esperada y anunciada, Roma se despacha en unas líneas no exentas de ironía, que recuerdan a la muy intencionada peripecia romana del Licenciado Vidriera, que precisamente usa Roma como término de un *aprendizaje* que luego se va a revelar como ilusorio. Lo peor que le podía ocurrir al *Persiles* es que su final se pareciera al principio de *El licenciado Vidriera*. Y no es la primera vez que el loco Rodaja se nos coloca como detentador de la última (o penúltima) palabra: en directa oposición a la paciente cronología significativa construida por Ruth El Saffar, según la cual Rodaja y sus siempre frustrados viajes son un punto de partida, pero nunca un final de jornada,[5] Paul Julian Smith termina con Vidriera el capítulo que

---

[5] Fue Ruth El Saffar quien, en abierto desafío a los partidarios de la muerte del autor, construyó una bellísima torre con las obras cervantinas, que es hoy canónica, a la que ya me he referido (la exquisita arquitectura elaborada en *Novel to Romance*), a base de un material tan delicado como el discurrir del tiempo en la vida del propio Cervantes. Piedra angular de la arquitectura de El Saffar es el paralelismo entre el discurrir del tiempo en la vida de Cervantes (productor de una cronología de las obras determinada) y una presencia progresiva en los textos de ciertos elementos. Esto le sirve a El Saffar, además, para, dándole la vuelta al razonamiento, "fechar" algunos textos. Sigo yo aquí la última consecuencia del método, dando como "la última palabra" del texto de Cervantes (con todo lo que esto conlleva retórica y semióticamente) la "ultima palabra" de su vida física (evidentemente, elaboro la suposición, creo que bastante natural, de que el *Prólogo* del *Persiles* debe ser considerado, como los prólogos en general, posterior en su elaboración al texto en sí de la novela, y la *dedicatoria*, a su vez, posterior al prólogo). No deja de ser irónico que el bellísimo edificio de nuestra gran maestra se vuelva contra ella al ponerle el último ladrillo, la ultimísima frase. Ese *continuando mi deseo* del que vamos a hablar como ya lo hizo Mary Randel (165), parecería haber sido escrito a propósito para dinamitar no sólo su edificio, sino el de todos cuantos nos hemos aproximado al *Persiles*.

reserva a Cervantes en su pivotal *Writing in the Margin*. Smith, además, termina ese capítulo dando al vertiginoso viajar de Rodaja/Vidriera/Rueda el significado de busca última de sentido, es decir, de discurso totalizante y totalitario. Para muchos (y no creo que se pueda tachar al autor del grito de batalla "Spain is the woman of Europe" de antifeminista), el Cervantes *último* seguiría siendo el cínico, el perro autor de las *novelas*, y no el reconstructor, pastor, reconductor de los *romances*. He ahí el último sentido de mi tozuda insistencia en llamar al *Persiles* "novela" a pesar de su apariencia romancesca. Para Smith, pues,

> the quest for knowledge ... is interminable, the desire for meaning ... is insatiable. (*Writing in the Margin* 201).

Aun admitiéndole al *Persiles* el afán de *alegoría* omniabarcadora, vicaria plenipotenciaria de ese deseo interminable de saber, y de esa sed insaciable de sentido, o, precisamente por admitírselos, vemos en él, representados en esa Roma anticlimática, el deseo insatisfecho tras haber sido satisfecho con la consecución de su objeto, y la sed más encendida que nunca tras haber bebido de lo que parecía Santo Grial y no era sino copa de agua salada. Al igual que El Saffar, Smith puede extrapolar una *imagen* de la totalidad, primero de las *Novelas ejemplares*, y luego de toda la obra cervantina, pero esa extrapolación tiene como base no el cuarto término reparador, sino el Sileno erasmista, el cofre de grotesca apariencia, que sería

> an image of Cervantes's oeuvre as a whole ... because it gives an illusion of presence or authority which it must ultimately fail to deliver. (201)

Lo peor, pues, que le podía ocurrir al *Persiles*, le ha ocurrido: ha parado en la Roma-origen de la locura de Vidriera: ha parado en catastrófico frenazo. En tal frenazo paran las *Novelas ejemplares in toto* (recuérdese que Cervantes insta al lector a leerlas –a sacarles "el sabroso y honesto fruto"– "así de todas juntas, como de cada una de por sí"). El bastión más fuerte de la tesis de El Saffar (*Novel to Romance*) es esa cronología según la cual Cervantes escribe los *romances* en último lugar, cronología confirmada fuera de las *novelas ejemplares* por la presencia, tras el *Quijote* I novelesco del *Quijote* II más romancesco, y, finalmente, del *Persiles*. Mas hay varios puntos débiles en este esquema. El primero, que todo apunta a que las dos partes del *Quijote* y el *Persiles* se escribieron simultáneamente (*grosso modo* se puede decir que la primera mitad del *Persiles* –la más romancesca– se escribe a la par del *Quijote* I, y que la segunda parte –curiosamente la más novelesca– es escrita a la par del *Quijote* II –el más romancesco). Al lado de esta no pequeña paradoja, está, en las *Novelas ejemplares* mismas, el hecho de que su colocación hace al amarguísimo *Casamiento engañoso* (que incluye el no menos *cínico Coloquio de los perros*) ser *la última palabra*. Frente a un femenino recuperado para una cósmica armonía, lo que vemos *al final* es a un Campuzano comiendo de gorra de los amigos, solo y con una enemistad a las mujeres no del todo diferente a la del licenciado Vidriera (en ambos casos, las mujeres casi los matan). Una vez más, el flirteo de Cervantes con la bellísima idea de armonía cósmica, etc., se parece al breve destello de "la vida solitaria" en la mente del burgués horaciano del *Beatus ille*, que la desecha con un sonoro ¡bah! para volver a su cotidianeidad (final totalmente ausente en la oda de Fray Luis de León, por cierto). (Véase también la nota 6).

Tal frenazo se producía en el momento de darse cuenta de que Roma no distaba tanto de la Isla Bárbara. Aquí tiene razón Wilson al decir que la Roma adonde llegan "turns out to be a nightmare world of some very subcelestial violence" (*Allegories* 122). Sin embargo, en la misma página, creo que lee mal a Bandera, en el sentido de que los que sí son opuestos, según él y según todos, son la Roma pretendida y la Isla Bárbara pretendida, es decir, el principio y fin *planeados*, de significado previo ya establecido en la mente del lector no sólo barroco, sino de cualquier época cristiana. Son la Isla Bárbara y la Roma de las *expectativas* las que se oponen. La *ironía* fundamental del *Persiles* está en que la Roma a donde se llega (en efecto, muy parecida a la Isla Bárbara: mucho más parecida que lo que dice Wilson, incluso, como verá quien lea) no es la Roma a donde queríamos llegar, que para siempre queda *diferida*. La misma Wilson, al emplear el magnífico "turns out to be," está implicando esas dos Romas, la esperada y la presente. Bandera, siguiendo a Girard y siguiendo el texto del *Persiles*, sabe bien que "el bien y el mal distan tan poco el uno del otro . . .," lo que no puede estar más cerca de lo que Girard decía al referirse a "une verité qui est l'identité du mal et du remède dans l'ordre de la violence" (*La violence* 61).

Roma, pues, no distaba mucho de la Isla Bárbara. Si Roma es *final de itinerario*, Cervantes nos recuerda lo que puede ocurrir cuando tal final es *choque*, interacción de vectores contrapuestos:

> Parece que el bien y el mal distan tan poco el uno del otro, que son como dos líneas concurrentes, que aunque parten de apartados y diferentes principios, acaban en un punto. (464)

Ese punto de reposo, pues, no es sino el punto de mutua aniquilación, de absoluto cero por resta mutua. Roma no es sino la muerte, que ostensiblemente planeaba ya desde el principio sobre el Atlas/papel en que se iba a escribir el *Persiles*. Acaban los males sólo porque acaban los bienes. En el momento mismo del *final de jornada*, que coincide, además, con los últimos días de un Cervantes que sabe que se muere, la muerte abre sus grandes brazos para, al fin, recoger más allá de todo deseo y en total sosiego al peregrino. Fracasa aquí todo el plan, consistente en mandar a *todo hombre* (Periandro) a la muerte como descanso y centro en que habita Dios. El eco último de ese fracaso lo hemos de buscar en las que, cronológicamente, acaso sean las últimas palabras escritas de Cervantes: las últimas no del *Prólogo*, sino de la *dedicatoria* a don Pedro Fernández de Castro.[6] Esas palabras son (subrayado mío) las siguientes:

> Y con estas *obras, continuando mi deseo*, guarde Dios a vuesa Excelencia como puede. (Sigue fecha y firma) (46)

Lo último por decir son *continuaciones*, y continuaciones de *obras* (se ha referido al *Bernardo, Las semanas del jardín,* la segunda

---

[6] Avalle-Arce considera que el prólogo es lo último que escribió (*"Persiles* and Allegory" 15). Está a mitad de camino nada más, entre los que afirmen que el *Persiles* (el texto de ficción) es lo último, y los que afirman que es la dedicatoria el último escrito de Cervantes. Lo que tenemos aquí es una decisión, no muy diferente de la que hay que tomar al tener en cuenta el sugerente modelo de Ruth El Saffar en *Novel to Romance*: decidir si es la cronología lo que hace que algo sea "la última palabra" o que más bien sea la colocación en el texto mismo lo que tal cosa indique. Según el primer criterio, "la última palabra" de Cervantes estaría en esa dedicatoria (la penúltima sería el prólogo); según el otro criterio, el capítulo último, y, más concretamente el párrafo último, y, más concretamente aún la palabra última del *Persiles*, sería esa "última palabra" de Cervantes. Yo tendré en cuenta ambas hipótesis, para demostrar, creo, que en este caso hay concordancia entre ambos candidatos a "última palabra" (y, de rebote, muy posiblemente, concordancia entre cómo terminan las *Novelas ejemplares* y cómo termina el *Persiles*).

parte de la *Galatea*). Es obvio que los *trabajos* no están completos. Y ese *continuando*, que, además, y para más redundancia, está puesto en gerundio, en pleno funcionamiento, en movimiento perenne, está a caballo entre las mencionadas obras y *mi deseo*. El continuar de las obras es el continuar del deseo, piedra angular del *Persiles*, fracaso último de la teoría de "Dios como centro y sosiego." Cervantes termina su vida escribiendo una *continuación*, insistiendo en el gerundio del continuar. Como veremos un poco más adelante, no es otro el final del *Persiles*, por más que esté disfrazado de todas las capas de convencionalidad y de metafísica del *happy ending*. La última palabra del texto del *Persiles* es *posteridad*, endiablada mezcla de *fin* y *continuación*. Pero acaso la palabra más fuerte de las escritas en este fin de dedicatoria sea *mi*. Del "nuestras," colectivo, hermanador, *lugar común* renacentista auténtico, que llenaba hasta dentro la frase central del *Persiles* (y la llenaba precisamente de universalidad, de proyección a *todo hombre* de las aventuras de Periandro), hemos pasado a ese insolidario *mi* de "mi deseo." El *Persiles*, ciertamente, termina siendo "una historia de hombres y mujeres," como certerísimamente ha demostrado Wilson (*Allegories* . . . 250). Lo *termina* siendo en la forma más radical, en el co-texto de prólogos y dedicatorias que *cronológicamente* da fin no sólo al *Persiles*, sino a toda escritura cervantina.[7] Ese *mi* es parte de *la última palabra* del co-texto del *Persiles* (ya veremos cómo acaba el *texto*). Ese *mi* personaliza, individualiza al *Persiles* a pesar de sí mismo, de su plan, de su estructura, de su *agonía* constructiva. Si se puede leer el "mensaje" del *Persiles* como "la muerte libera al hombre," leemos claramente en el prólogo y en la dedicatoria de Cervantes un "yo no quiero morirme" que contradice a todo lo anterior. ¿Cómo hemos de acatar el cristianísimo veredicto de Dios como centro y como sosiego *que hemos de buscar*, si leemos en el *Prólogo*[8] aquello de "¡Adiós, gracias; adiós, donaires; adiós, regocijados amigos . . .!"

---

[7] Por eso dije en la nota 5 que era irónico el modo en que la cronología, piedra angular de las tesis de El Saffar, se convertía en principal conspirador contra esas mismas tesis que sustentaba. El artículo de Randel me da aún más razón.

[8] He de recordar aquí cómo el prólogo es en muchos modos un mini-*Persiles*, otro epiciclo. Avalle-Arce lo nota, al ver que constituye una alegoría de la gran alegoría ("*Persiles* and Allegory" 14-15). No es, por otra parte, la primera vez que Cervantes hace eso, habiendo comenzado su *Quijote* con ese "Desocupado lector . . ." que conectará para siempre el mundo del lector con el del protagonista, otro lector empedernido en "los ratos que estaba ocioso, que eran los más del año."

lleno de nostalgia por todas las islas bárbaras y todos los Clodios –o cínicos perros– dejados atrás, y todavía más claro, leemos en la *dedicatoria* "El tiempo es breve, las ansias crecen, las esperanzas menguan, y con todo esto, llevo la vida sobre el deseo que tengo de vivir . . ."? Hay un *Persiles esencial* derrotado por un *Persiles existencial*, o, valga decir, *textual*. Es la linealidad, la vectorialidad obligada del texto, la que traiciona todo propósito transcendente de esa condena a "no poder parar," es decir, de esa condena a $n+1$, de esa condena al número de que he hablado. Esos hombres y mujeres, que bien ve Diana Wilson, son el resultado de la búsqueda de una *literalidad* para una alegoría, o una anagogía, ya conocidas de antemano. Esos hombres y mujeres individuales se *oponen* en gran medida al reposo cósmico, por el hecho de ser individuales. Más allá de que se pueda o no se pueda hablar de un "inconsciente colectivo," o de un "inconsciente político," hay algo en el individuo que no puede haber en la especie, como hay algo en la inmanencia que no puede haber en la trascendencia, algo en lo efímero que jamás tendrá lo permanente, y ese algo acaso tenga que ver con la individualidad del cuerpo y del deseo. Esa alegoría del Hombre, o del Amor, o de lo que sea, ha de ser realizada en una literalidad. Tal literalidad va a carecer precisamente de los atributos centrales de ese Hombre o ese Amor esenciales, que serían los de un *círculo perfecto* con su centro de sosiego absoluto, de perfecta quietud, representable en ese "cero" que, no por casualidad, tiene forma de círculo, en cuanto a que es metonimia (más que metáfora) de él (es decir, el centro quieto del círculo –el *cero*– se representa por la circunferencia, por la periferia circular, dando como resultado el número "arábigo" que conocemos). En vez de ese círculo, hallamos la compleja *órbita*, el periplo, que, aspirando a la circularidad y a la quietud, está, sin embargo, condenado a la direccionalidad y movimiento propios no del cero, sino de su adversario, del *uno*, en todo punto que no sea el centro (Dios). Igual que el cero tenía forma de círculo, el uno tiene forma de flecha, de vector representativo de esta inquietud eterna. Dios es el cero (véase el apéndice 2). El hombre vive en el uno, y el hombre que quiere *ser como dios*, se viste de tal añadiendo un cero a su flecha primigenia. El resultado, pues, es el símbolo del hombre prometeico, adámico, que conocemos, el ♂, el círculo y la flecha. Mientras persista la flecha amenazante, incluso erecta, que determina al macho de la especie (y en esto van a tener razón El Saffar, Wilson y todos/as los/as feministas), de poco sirve hallar el cuarto término equilibrante del puntiagudo triángulo amenazante de cada alma en dos mitades, o de cada pareja de almas. Si el círculo resultante de tal equilibrio, el aparente "cero-resultado-de-una-cuadratura" (¿qué otra cosa representa el símbolo de lo femenino –♀–?) rueda irrefrenablemente por la pendiente de la narratividad, como un epiciclo rueda por el ciclo a que pertenece, no hay nada que hacer. Aunque cierre el círculo, tal quietud es ilusoria mientras exista un centro inmóvil que guarda de todo ente meramente orbital sus distancias y su secreto. Una de dos: o Auristela entra en un convento "dejando el mundo," pues, y así logra asirse al freno (pero entonces, ante esta *gracia*, ante esta gratuidad, ha sido absurdo todo el viaje, toda la complementariedad de Periandro, todo *trabajo* generador de *valor* o mérito alguno), o Auristela se casa con Periandro, dando sentido a todas las vertiginosas revoluciones, en una síntesis final armónica, pero entonces se forma una armonía *generadora* de nuevas desarmonías, ya que de esa armonía saldrán sus hijos, y los hijos de sus hijos, biznietos que habrá que parir con dolor, regresando al primer capítulo de la novela. Al reencontrar lo femenino, hemos reencontrado la máquina de parir: la madre, o sea, la generadora de lo masculino, de la flecha atentadora de toda quietud.[9] Lo malo, lo terrible de esa mujer que restablece el equilibrio cósmico es que lo vuelve a desequilibrar en cuanto, ejerciendo precisamente lo que le es más privativo como mujer, pare al siguiente hombre. El círculo no se puede *alargar* si no es puesto en movimiento, describiendo órbita tras órbita. He aquí la maldición implícita en el último párrafo del *Persiles*, que nos remite directísimamente al comienzo de la novela, por cuanto tal comienzo (el *parto*, como he procurado demostrar) es exactamente el corolario trabajoso y maldito de esa en apariencia felicidad de *tener bisnietos*. Tenemos un *happy end*, sí, pero en él no "vivieron felices y comieron perdices" exactamente, sino que

> Persiles depositó a su hermano en San Pablo, recogió a todos sus criados, volvió a visitar los templos de Roma, acarició a Constanza, a quien Sigismunda dio la cruz de diamantes y la acompañó hasta dejarla casada con el conde su cuñado. Y habiendo be-

---

[9] Habríamos encontrado también la *Sekina*, que es madre e hija simultáneamente, y que, por cuanto simboliza igualmente al pueblo de Israel, no ha sido aún vuelta a llamar "a casa de su madre." Mas dejo esto para especialistas en Cábala.

> sado los pies al Pontífice, sosegó su espíritu y cumplió su voto, y vivió en compañía de su esposo Persiles hasta que biznietos le alargaron los días, pues los vio en su larga y feliz posteridad. (475)

Antes de pasar a lo principal, que es la peculiar construcción del párrafo, notemos unos detalles reveladores, como semáforos, de que aquí está pasando algo raro. Persiles *vuelve* a visitar los templos de Roma. El verbo con que se abre la por otra parte apretada secuencia de eventos, es *volver*, connotador tanto de "hacer lo mismo otra vez" como de "hacer el trayecto inverso" (¿de Roma al Norte?, ¿del Norte a Roma?), es decir, de *repetir* junto a *regresar*. Ese *volver* (acentuado por su verbo compañero *re-cogió* y por un *depositó* que juega precisamente con las identidades de los depositados, y con Roma como el depósito de cadáveres que apuntábamos antes) es sintomático de todo el párrafo. Persiles, al volver a visitar, evoca la primera visita. Tal visita era nada menos que el objetivo de la peregrinación. Ahora resulta que, una vez cumplido el objetivo, hay que volver a hacerlo (o volver al Norte de donde se salió, dado que no hay distancia ni diferencia entre el bien y el mal, entre la Isla Bárbara y Roma –el "final" de un viaje circular no es sino el punto de donde se salió). Resulta que todo ha sido en vano. Si la primera visita es causada y verificada por todo lo que se cuenta en el *Persiles*, ¿qué es lo que causa esa *vuelta*? ¿Qué hechos o qué texto son equivalentes, equiparables, a los hechos, al voluminoso texto del *Persiles*, para que, en buena lógica, a esos mismos efectos correspondan las mismas causas? Esos hechos, además, sean los que sean, ¿no han ocurrido *en Roma*, en el *cielo de la tierra*? Volver, como en la famosa canción mexicana, se insinúa aquí como un necesario "volver, volver, volver...." Como un síntoma de lo por venir, en la primera frase del último párrafo del *Persiles* se dan la mano ese *volver* dinámico, que habla de muerte y resurrección (del eterno retorno, de viajes de ida y vuelta y de órbitas tras órbitas), y ese *depositar* (metonímicamente referido al propio Persiles a través de su hermano) que anula todo movimiento, pero que apunta hacia la muerte, hacia San Pablo (y, por lo tanto, Roma misma) como una gigantesca *morgue* y una gigantesca ara sacrificial. Roma es *depósito* del hermano como la mazmorra de la Isla Bárbara era "antes sepultura que prisión." Magsimino termina el *Persiles* donde lo comenzaba Persiles. Magsimino *es* Persiles, es indistinguible de Persiles. El hermano muere para que el hermano viva, en acto sacrificial-girardiano puro. La máxima quietud, pues, si era o podía ser Dios como centro inmóvil de esas almas en continuo movimiento, es, también, Roma, el depósito de cadáveres, la muerte. La vida, en cambio, no para. *Vuelve* Persiles, pues tiene que *pagar, expiar* el sacrificio del hermano muerto. Sólo Persiles es válido como pago por Magsimino, como sólo Magsimino es sacrificio suficientemente valioso para pagar por Persiles (como sólo el Hijo de Dios –que es el "Hijo del Hombre"– era suficientemente valioso para pagar el pecado del Padre Adán). *Vuelve* Persiles, porque tiene que eliminar su condición de *beneficiario*. De ahí que *deposite* a Magsimino en la Iglesia, como quien deposita un cheque, pues Magsimino ha sido, ni más ni menos, sino *exactamente*, como en la más rigurosa de las transacciones bancarias o de los estados de cuenta, el *precio* que ha debido ser pagado por la felicidad, la quietud, el sosiego. La felicidad del Andrógino requiere el sacrificio del gemelo. Roma es la *morgue*, la pirámide sacrificial y la más horripilante casa de cambios jamás inventada.

Se argumentará que Magsimino, como Caín, como Esaú, "merece," "se ha hecho acreedor" de su perdición, o que es Persiles quien, como Abel, como Jacob, "merece," "se ha ganado" a Auristela. Mas nada hay en el texto que indique que la muerte de Magsimino sea "nacida de los mesmos sucesos." Más bien, es un *pegote* cervantino, un *estrambote* como el de su famoso soneto "Vive dios que me espanta esta grandeza . . . ," uno de tantos "despistes" diegéticos suyos, como el del caballo de Cratilo, el Corsicurbo y la doncella que desaparecen, etc., totalmente condenables desde el punto de vista *literario*. Y es que, como en el caso del caballo, lo que ocurre, ocurre porque a Cervantes *le da la gana*: porque Persiles, como Jacob, como Abel, como Rómulo, es el preferido de los dioses: en el principio era el favoritismo.

Nada hay más arbitrario que la muerte, por enfermedad, de Magsimino. Lo más artificial en la muerte de Magsimino es que sea una "muerte natural."

Mas esto es sólo el abreboca de un párrafo increíblemente bien hecho y mal hecho al mismo tiempo. Notemos, sobre todo, la construcción del último párrafo del *Persiles* en franco *anacoluto*,[10] casi

---

[10] Se puede achacar esto a la "prisa" cervantina por acabar el *Persiles*, mas a) tal prisa es en sí significativa, por lo que hemos apuntado de hablar de la muerte/

anfibología: el párrafo consta de dos oraciones, de las cuales la segunda no lleva sujeto expreso, pues gramaticalmente dependería de la primera, es decir, la sintaxis y las reglas de funcionamiento de los pronombres obligan a los verbos *sosegó, cumplió* y *vivió* a tener el mismo sujeto que la primera oración, dado que éste (Persiles) sigue vigente mientras no se introduzca otro (por ejemplo, Sigismunda). Notemos que Sigismunda *no está* en el párrafo excepto como sujeto de una oración *subordinada*. Esto, desde el punto de vista sintáctico. Desde el punto de vista semántico, en cambio, es claro que Sigismunda es el sujeto de la segunda oración, siendo Persiles en ella un simple "acompañante," una parte de complemento circunstancial. Las últimas cláusulas bien podían haber sido "*les* alargaron los días" y "los *vieron* en su larga y feliz posteridad," pero, tal como la oración está construida, es ella, es Sigismunda a quien *le* alargaron los días los biznietos y quien los *vio* en su posteridad. Hasta el mismísimo final, pues, coexisten varias parejas de contrarios: concretamente, el sentido sintáctico incluye un anacoluto según el cual Persiles y Sigismunda poco o nada comparten en el último párrafo. Donde Persiles es sujeto, Sigismunda aparece como subordinada, y viceversa. Persiles emerge en el mundo de la sintaxis; Sigismunda en el de la semántica. Ninguno de los verbos está en plural. Persiles es, sintácticamente hablando en propiedad, el sujeto de las dos oraciones (dando lugar el anacoluto a la interesante situación según la cual el sujeto de la segunda oración –Persiles– . . . "vivió en compañía de su esposo Persiles") y Sigismunda está prácticamente ausente. A esta lectura "sintáctica" que incluye el anacoluto se opone la lectura "semántica," según la cual Persiles y Sigismunda sí están "en compañía," pero Persiles es responsable, es agente (como sujeto) de lo secundario, de lo accesorio ("depositó a su hermano . . . recogió a sus criados . . . acarició a Constanza . . .") mientras que Sigismunda es agente, responsable, sujeto, de lo principal (ella, no Persiles, es quien "vivió," a quien le alargaron los días los biznietos, quien los "ve" . . .). No es esta la única dualidad negadora de todo equilibrio que se puede encontrar en el párrafo. Tenemos a Auristela por tres veces *diferida* (sometida a un *diferimiento*) en dos líneas.

---

quietud estándose muriendo, y b) al principio del *Persiles* aparecía otro "despiste," esta vez la desaparición de Corsicurbo con la doncella por la que había preguntado. Lo que quiero resaltar aquí es que el *Persiles* comienza y termina en franco *error*, en franca discrepancia consigo mismo.

"Biznietos le *alargaron* los días, pues los vio en su *larga* y feliz *posteridad*." Por muy feliz (*beata*) que sea, esa *posteridad* (que no es *eternidad*) es *larga*; posee la característica de la recta, de la dirección: la longitud. Y esa longitud es intransferible. Si se puede achacar a Avalle-Arce un posible error de transcripción en el caso de *le* (que hipotéticamente debería ser *les*), más difícil sería achacar al transcriptor *vio* por *vieron*. Es obvio que el texto termina con una singularidad morfo-sintáctica, por más que se *refiera* a una pluralidad semántica ("en compañía de su esposo Persiles"). Es obvio, además, que el texto titubea respecto a quién es el sujeto de esa singularidad. Semánticamente es Auristela, pero sintácticamente es Persiles, existiendo el gran embrollo teórico del anacoluto y su funcionamiento entre ambos.[11] Hágase la siguiente "prueba": suprímase la frase "en compañía de su esposo Persiles" (frase que, dada su arquitectura, está casi suprimida del cuerpo principal, manteniéndose sujeta al mismo sólo como un paréntesis, entre dos comas), es decir, mutílese el cuerpo de la frase suprimiendo de ella el miembro masculino: cástrese la frase, y, paradójicamente, quien emerge como sujeto de *todo* el párrafo es Persiles, quedando relegada Sigismunda a la oración subordinada de una oración subordinada (Sigismunda queda como "quien da la cruz a Constanza," a quien, a su vez, "acaricia" Persiles). No acaba todavía la ambigüedad. Frase clave es "en compañía de su esposo Persiles," pues, sin ella, Sigismunda queda marginada del fin de la novela, pero es que, además, dicha frase, necesaria para la armonía semántica pero causante de la desarmonía sintáctica (del anacoluto), contiene un elemento que, repetido otra vez, resulta igualmente problemático en su colocación sintáctica. Tal elemento es *compañía*, el antídoto contra la soledad. Dos veces aparece en el párrafo, y las dos se lee ambiguamente, gracias a (creo que más que "por culpa de") el anacoluto. En efecto, ¿cuál es el sujeto de "y la acompañó hasta dejarla casada con el conde su cuñado"? ¿Quién acompañó a Constanza? ¿Persiles, el mismo que la "acarició"? ¿O Sigismunda, la misma que le "dio la cruz de diamantes"? De la misma manera que la sintaxis no nos ayudaba a la hora de averiguar a quién alargaron los días los biznietos, y que sólo la semántica nos lo dilucidaba (de hecho, sólo las pa-

---

[11] Nótese aquí que el *anacoluton*, como la anfibología, tiene desde sus orígenes griegos una doble cara: por una parte es un "vicio de lenguaje"; por otra, es una de las figuras retóricas prescritas en cualquier manual.

labras *esposo* y *Persiles* lo hacían), en el acompañamiento de Constanza sólo la semántica de las palabras *conde* y *cuñado* nos ayudarán (pues el conde no puede ser cuñado de Persiles y Sigismunda al mismo tiempo, sino que será cuñado de uno al ser hermano del otro). Hacer depender nada menos que la armonía cósmica de las palabras *esposo* y *cuñado* es, cuando menos, para dejar perplejo al lector atento del *Persiles*. [12] Toda apariencia de restauración de orden es ilusoria: no hay más orden restaurado que el social, el del código civil, o de derecho canónico, con sus esposos y esposas, hermanos y cuñados, padres y suegros. No hay más orden que el levítico, que manda/prohíbe cubrir/no cubrir la mujer de tu hermano/mujer de tu prójimo. Tal final es ilusorio, arbitrario, como dice Cesáreo Bandera, y en él vemos, con esos esposos y cuñados, más una visión onírica de la tribu y sus tabús, y sus incestos, que piden a gritos la víctima propiciatoria, que el orden recobrado en la serenidad de una feminidad ganada. Mas no es este el final *absoluto* del *Persiles*. Si no se me quiere otorgar por tal final las últimas palabras de la dedicatoria, a las que ya me referí, sí se me tiene que otorgar la finalidad absoluta y total de las palabras que siguen a "vivió en compañía de su esposo Persiles." Se me tiene que otorgar el final que prescinde por completo de Persiles (o de Sigismunda, si venimos leyendo "sintácticamente," pero de uno de los dos siempre, no habiendo simultaneidad alguna en todo el párrafo, como hemos mostrado) en su reiterada singularidad: ese final que insiste por tres

---

[12] El *Polifemo* de Góngora tiene un no menos anticlimático y revulsivo *yerno* en el último verso ("yerno lo saludó, lo aclamó río") que, a mi juicio, tiene sentido sólo al tomar partido el poeta por el cíclope en la dialéctica suscitada por el triángulo amoroso Acis-Galatea-Polifemo. Algo he adelantado de este tema en un par de trabajos leídos en conferencia, y algo más estoy adelantando, pero aún no tengo la respuesta definitiva a la coincidencia de que dos *monstruos* como Cervantes y Góngora traigan a colación el parentesco (y menos que nada el parentesco "político") como determinante de los fines, como componente mitológico de las derrotas o la continuación de la vida (Acis se convierte en río gracias al hacer de su suegra tras haber sido aplastado por el peñasco que le tira Polifemo). No es ésta la única conexión íntima y profunda entre Góngora y Cervantes, y, concretamente, entre el *Persiles* y los dos poemas "escandalosos" gongorinos (*Polifemo* y *Soledades*) que se dan a conocer en 1613. Pedro Díaz de Rivas (o Ribas), en frase citada, por ejemplo, por John Beverley en su edición de las *Soledades* (página 28), dice que las *Soledades* ejemplifican "aquél género de poema de que constaría la *Historia ethiopica* de Heliodoro si se redujera a versos" (en Gates, *Documentos* 51-52). Si la *Ethiopica* era, como es notorio, "épica en prosa," el texto gongorino sería una fascinante "épica en prosa en verso." Materia es ésta para un estudio que espero emprender tan pronto como el *Persiles* me deje en paz y en sosiego.

veces en el vector, la longitud, la suma; el que tiene como co-sujeto de la última cláusula del texto a los *biznietos*, con su concomitancia de ser más que hijos, más que nietos: de ser "hijos de los hijos de los hijos"; el que, finalmente, comienza con un *hasta* que resumiría a todo el *Persiles* en su doble aspecto significativo. *Hasta* alude a una finalidad, a una transitividad de lo que se hace, a una punta de término. Y aludiéndolo, evoca lo que falta para llegar a él: evoca los *trabajos*. Por eso, este *hasta* particular evoca a los biznietos, ya que cada uno de ellos es un ciclo trabajoso que comienza con el trabajo primero de parir y termina, no ya con la muerte/resurrección, no ya con "otra vida" en el sentido de "una vida distinta," sino con "otra vida" en el sentido de "otra vida igual que la de antes": otra vida más: nuevos partos, nuevos hijos, nuevos hijos de los hijos, es decir, que termina con la *posteridad*, la última palabra del texto. Todo acaba, pues, en un no acabarse: en una posterioridad, en un postergamiento, en un "del otro lado," en un diferimiento masivo, en una absoluta traslación.

Si Corsicurbo había comenzado preguntando por la mujer, y si su pregunta no había sido contestada, ni siquiera con un "no está aquí," la novela termina con la *posteridad*, la postergación indefinida, el diferimiento *sine die* del reencuentro, del cero. Entre Persiles y Sigismunda se ha colocado precisamente esa *posteridad*, esa asincronía que impide que se encuentren en la mera gramática de la frase. El lugar donde debían encontrarse ha resultado ser, no una metáfora, o lugar del contacto por semejanza, ni una metonimia, lugar del contacto por contigüidad, sino el *anacoluto*, el lugar de la quiebra del *logos*. Los pesimistas (Girard, Bandera, Baena)[13] han tenido siempre razón, y no hay escape a un *aquí y ahora* seguro que no esté amenazado de violencia y de ruptura en la misma medida en que tal ilusión de *aquí y ahora* hace violencia al ser siempre diferible y diferido de las cosas. Hace falta ser muy sabio, o muy viejo, o muy mujer (hace falta ser El Saffar o Cervantes), para poder (a pesar de todo, a pesar de esa *razón* que parece estar con los piratas, con Baena, con Girard, con Bandera) introducir como *penúltima* palabra, justo antes de *posteridad*, la sinrazón última, la mágica superación de todo movimiento y de toda violencia, el último gesto de

---

[13] Creo que, desde lados opuestos de la cerca, con un sol, que ningún rey de armas nos ha partido, en la espalda o en los ojos, vemos lo mismo los optimistas y los pesimistas. Véase a este respecto El Saffar: "Unbinding the Doubles."

desafío a pesar de la inminencia de la derrota, el cero textual más prodigioso: la palabra *feliz*. Lo único que le impide a la felicidad *tener la última palabra* es el texto del *Persiles*, donde no es sino penúltima: no última, sino penúltima sinrazón. La felicidad, en el texto del *Persiles* es textualmente postergada, en su carácter de "última palabra," por *posteridad*, a la que, además, es *adjetivo*, y no sustantivo. Ha sido postergada la felicidad por la posteridad, es decir, por la postergación misma.

Para eso se tienen los hijos, y los hijos de los hijos, porque sólo en la posteridad puede caber felicidad alguna. Mientras se avanza, la flecha enorme del tiempo apunta contra nosotros. Se sale del *impasse* saliéndonos de la barca, echándonos al agua. Sin ese último abandono de lo sólido, todo *paso del impasse* es, como en los versos de Tirso, "por la punta de esta espada." Mi última microlectura del primer capítulo del *Persiles* (que acaso debiera haber sido la primera) será la que me indique qué otra cosa, además de "el frágil cuerpo" sea esa balsa en que los cuatro bárbaros llevaban a Periandro. Citaré a continuación las palabras que a la balsa se refieren en el texto:

> una balsa de maderos, y atados unos con otros con fuertes bejucos y flexibles mimbres

> este artificio les servía, como luego pareció, de bajel

> saltaron luego en los maderos y pusieron en medio dellos sentado al prisionero

> En esto estaban cuando los maderos llegaron a la mitad del estrecho

> los leños de la balsa se desligaron y dividieron a partes, quedando en la una, que sería de hasta seis maderos compuesta, el mancebo

> salieron los leños del atado prisionero al mar abierto

> (las ondas) no le arrancaron de los leños

> una punta de la isla, adonde los leños milagrosamente se encaminaron

descubrieron asimismo los del navío los maderos, y el bulto que sobre ellos venía (52-54)

Como ya se había apuntado en capítulos anteriores, la insistencia en la atadura va extrañamente unida a la insistencia en la balsa como "los maderos," y es que lo que machaconamente define a la balsa es su *atadura*, su *artificio*, los "bejucos y flexibles mimbres," es decir, la *textura*, la *textualidad*, el tejido de la balsa como utensilio en que se navega opuesto a "los maderos" como materia prima en la que se naufraga. Lo que define el ciclo naufragio/salvación de Periandro es la disolución o conservación de esa textualidad, de ese tejido, de esas ataduras. Periandro atado es Periandro tejido, Periandro textual. La disolución de esa textualidad es la consiguiente "caída al agua." En ese "romperse las ataduras" está simultáneamente la desgracia y la salvación de Periandro. En el juego de la salvación interviene una necesaria textualidad y, simultáneamente, un "caerse al agua," un abandono del texto primero tal y como estaba construido. La salvación ha de efectuarse en un "más allá" que pasa por el agua, por fuera del texto. En el primer capítulo del *Persiles* el símbolo central era esa enorme, casi grotesca flecha que ocupa el centro del capítulo, el centro de la balsa, el centro del texto, el centro de la vida: una flecha que, *contra todo pronóstico* (me importa subrayarlo), no se dispara, aunque está en el arco, de la misma manera que el caballo de Cratilo, en el centro del *Persiles* no se rompe ninguna pata, igualmente contra todo pronóstico. Sólo gracias a ese acto de los dioses se juntarán Persiles y Sigismunda, que, de otra manera, estarán (como Eros y Psique, como los protagonistas de Stendhal que constituían para Paul de Man la "alegoría de la ironía") siempre fuera de contacto mutuo. Era claro eso en los primeros capítulos del *Persiles*, donde, si Periandro viste de mujer, Auristela viste de hombre; si Auristela busca a Periandro, Periandro se ha ido de donde Auristela lo buscaba, pues, a la manera de los rebuznadores de la segunda parte del *Quijote*, cada uno acude al rebuzno del otro creyendo ir al asno ausente . . . ¿Se encontrarán los amantes? ¿Se tocarán al fin? Léase con atención el último párrafo del *Persiles*,[14] y se verá que no se tocan más que gracias a un complemento circunstancial ("en compañía de su esposo Persiles"), es decir,

---

[14] Como lo leyó Mary Gaylord Randel, a quien le inspiró sospechas parecidas a las mías.

en un descarado, postizo, estrambótico, amanerado acto de los dioses. Lo mismo da que esa salvación-fuera-del-texto pase por el agua, como los leños desligados de Periandro, o por el aire, como el caballo de Cratilo. La salvación se halla en una permanente postergación, suplementaridad, del texto: la salvación tiene que pasar por fuera de los bien tejidos leños del *Persiles*, se halla en esa "feliz posteridad."

Sea o no sea fundado el pensamiento de Cesáreo Bandera ("We can only be less and less sure about the straightening capabilities of posterity." ("An open letter" 103), esa posteridad, por definición, queda siempre fuera del texto (para Bandera, "cannot, by definition, be found within the novel"), y en el texto del *Persiles*, bien que sujeta y bien sujeta a ese "segundo texto" de los seis leños, la salvación ha de darse el remojón, para acabar, comoquiera que fuere, en esa palabra rotunda: *posteridad*. Siempre es la felicidad de los hijos de los hijos, siempre la última palabra la tiene el diferimiento eterno de la felicidad. Lo que se anuncia como *feliz* es lo no contado, lo no contable: la posteridad, lo otro, lo de más tarde, el *vuelva usted mañana* mitad alentador, mitad descorazonador, que cada jornada –Penélope altiva–, con cada giro del cielo, nos es dado a los pretendientes.

APÉNDICE 1

(ALGO SOBRE) LOS NOMBRES DEL *PERSILES*

> La nomination invente une terre nouvelle, à la manière des récits de voyage.
>
> (Michel de Certeau)

En otro trabajo [1] establecía yo ciertas reglas de funcionamiento de los nombres propios cervantinos (si se quiere, ciertas limitaciones o parámetros para el –en principio– infinito caos de la libérrima, hiper-arbitraria nominación). Esas reglas se basaban en los mismos criterios que usaba don Quijote para dar nombre a su caballo y a su dama, es decir, las reglas de *alto* (el clásico *decorum*), *significativo* (condicionado en su etimología por un *querer decir*) y *sonoro* (su percepción, a pesar de las otras dos reglas). Como paradigma del funcionamiento de estas reglas de construcción llevadas a su máxima lógica y poder (que, además, incluye un sistema de ocultación simultáneo al de proclamación), estudiaba yo el nombre "Cide Hamete Benengeli," al cual concluía dándole el significado de "hijo del Ángel," subrayando el aspecto ambiguo de Ángel como *ángel* y *diablo*.

En el *Persiles*, la fábrica, la urdimbre de los nombres propios tiene que ir, forzosamente, un paso más allá que en el caso paradigmático de Cide Hamete y, en general, de los nombres del *Quijote*. [2]

---

[1] "Modos del hacedor de nombres cervantino: el significado de 'Cide Hamete Benengeli'."

[2] No quiero decir con esto que los nombres del *Persiles* necesiten forzosamente de mayor inventiva, ni siquiera mayor *arti*-ficialidad que los del *Quijote más acá*, antes del terreno de la alegoría. Creo haber mostrado con el caso de Cide Hamete que en el *Quijote* un nombre puede tener ramificaciones que afecten a todos los puntos neurálgicos de la construcción de la novela, construidos, además, echando mano de una enorme cantidad de recursos, no siendo acaso el menos importante la casualidad de que en árabe pueda haber dos cadenas fónicas homófonas cuyos dos diferentes significados sean *hijo del ciervo* y *berenjena*.

Al ser una alegoría, cada personaje ocupa un sitio de antemano en la figuración, con lo que debe atenderse no sólo al eje vertical de significaciones, sino también al eje horizontal. Si dos personajes forman una estructura, sus nombres deben igualmente formar una estructura. La estructura en sí es tan nombrada como los individuos que la componen. Así, Rosamunda-Clodio llevan nombres adecuados a lo que son (rosa inmunda, odio), pero su natural y monstruosa unión está ya implícita en el sintagma que sus nombres forman. Me concentraré en este apéndice[3] en los nombres de los personajes del primer capítulo del *Persiles*.[4]

Sabemos que los dos protagonistas son en realidad cuatro, y que ese cuarteto es uno de los más claros en sus implicaciones de armonía que hay en el libro. Ruth El Saffar (una de las personas, conmigo, más necesitadas del sabio que descifrara los nombres del *Persiles* y aun de todo Cervantes) daba a Periandro como "every man," todo hombre. Yo, más bien, como Diana Wilson, me concentro en el prefijo *peri-* (límite exterior, cerco, margen), para ver en Periandro "hombre-alrededor" o "límite del hombre." *Peri-* es lo opuesto al centro, pero me fijo en otro aspecto menos psicológico y más totalitario de las implicaciones de esa marginalidad. Con el modelo cósmico expuesto en los capítulos anteriores, tiene pleno sentido ese significado orbital de Periandro, sobre todo si se considera a Auristela como el Sol (estrella de oro, *auri-stella*). Esta relación de seguimiento se invierte, en el caso de Auristela, si tomamos a Sigismunda como nombre. Sigismunda (sigue, mundo) es ahora planeta.

Mas no se convierte Periandro en sol inmóvil. Si los planteamientos de todo este libro son correctos, el círculo, o el ciclo de ci-

---

[3] Me sugiere un lector, con mucha razón, llamar a estos apéndices "excursus," a lo Curtius. Le agradezco la precisión, muy fácil, además, de incorporar al manuscrito. Los sigo llamando, empero, "apéndices," solidarizándome así con la cabezonería de Ferlosio más que con la precisión de Curtius, dado que el presente libro es posible que no tenga lo segundo, aunque lo haya buscado, pero es seguro que tiene lo primero.

[4] Ruth El Saffar nos dejó en herencia, entre otras muchas cosas, la tarea de investigar los nombres propios cervantinos. Ese guante fue recogido por mí para el caso de Cide Hamete, y por Clark Colahan para el *Persiles* ("Towards an Onomastics of Persiles/Periandro and Sigismunda/Auristela"). La aportación mía que sigue es otro grano de arena, independiente, por el momento, del de Colahan, con el que tiene, sin embargo, puntos de contacto. Por ejemplo, cada cual por su camino hemos llegado a la ahora ya casi inamovible constatación de que el modelo clásico que inspiró "Persiles" a Cervantes es Perseo, como otros colegas habían ya sospechado desde antiguo.

clos del *Persiles*, es flechado, contiene en sí la direccionalidad, y por lo tanto la asimetría, del número, y no el reposo simétrico del cero. Nada más cuadriculado ("redondo" por su simetría omnidireccional) que esa tetralogía de nombres "Periandro/Persiles–Auristela/Sigismunda" en apariencia. Para Ruth El Saffar es casi, e inadvertidamente, arquetípico del esquema simétrico. Parece casi obvio colocar esos cuatro nombres –como hace ella, como hago yo, como hace cualquiera– en homología con la tetralogía de, por ejemplo, los puntos cardinales. Es facilísimo establecer mentalmente los lados y las diagonales del cuadrado: los segmentos que van de Periandro a Persiles, de Periandro a Auristela, de Persiles a Sigismunda, de Sigismunda a Auristela... Mas en el capítulo numerológico de este estudio se ha mencionado cuán fácil es encontrar un vector de escape a la quietud. Los toltecas encontraron el Quinto Sol y la pirámide, y yo encontraba el *3+1* y el tetraedro como una réplica inquieta al aplomado 2+2 y al cuadrado. Decíamos que, bajo la analogía cósmico-orbital, "Auristela" y "Sigismunda" designan para su referente las posiciones alternativas de "centro inmóvil" ("estrella de oro," "sol," o, dentro de un universo no copernicano, "estrellas fijas") y "periferia errante" (seguir el mundo). Pues bien: no le pasa lo mismo al protagonista masculino. Contra todo pronóstico, "Periandro" sí sugiere periferia errante y peregrinaje, pero "Persiles" no sugiere "centro inmóvil." Si mi lectura es correcta, todo lo más que sugiere es "Perseo," pero Perseo es un trabajoso peregrino, como Hércules.[5] ¿Qué sentido tiene el que Periandro-Persiles no ocupe nunca, con su nombre, el centro de nada?

---

[5] La relación Perseo-Persiles ya la había hecho Casalduero (115 y 166), sugiriendo, además, la muy plausible hipótesis de una "cristianización del mito del héroe griego" (claro que aquí habría que preguntarse en qué medida, frente a la unidireccionalidad de la alegoresis bíblica, se nos está invitando insidiosamente a que leamos la alegoría como se leen las metáforas de Góngora, es decir, como reversible, de forma que al lado de una cristianización del mito de Perseo tuviéramos una paganización del mito de Cristo). De todos modos, Perseo es inseparable no sólo de Andrómeda, sino de Pegaso, el caballo que, como el de Cratilo, y como Clavileño, vuela. Más arriba (capítulo 5) vimos las semejanzas que, más allá de la mera superficie, presentan estos caballos, y fácilmente se puede extender ese parecido, basado en el *atajo*, en la *prisa por llegar*, a Perseo a lomos de Pegaso. Perseo, pues, es uno de dos héroes clásicos a quienes se parece Periandro. El otro es Hércules (por lo de los *trabajos*), que no por azar es, en la mitología, nieto o bisnieto de Perseo (una variante irónica de esta proyección de la dinastía de semidioses griegos a los textos de Cervantes bien podría ser la que identificara a Perseo con Persiles, y a don Quijote –pasmémonos– con Hércules; esta hipótesis daría a los "trabajos" de

Creo que la respuesta está en la asimetría respecto de lo femenino y lo masculino de que se hablaba anteriormente. Periandro busca a Auristela y Auristela a Periandro, eso es claro. Cada "mitad de alma" busca a su "otra mitad"; el andrógino tiende a recomponerse. Mas frente a la búsqueda de "lo femenino" no existe una supuesta búsqueda de "lo masculino."

A Periandro/Persiles le corresponde hallar a Auristela/Sigismunda, y a Auristela/Sigismunda le corresponde hallar a Periandro/Persiles. Cada cual, pues, debe hallar al otro. En el caso de la protagonista, sólo debe hallar una cosa: la feminidad perdida de Periandro. En el caso de él, debe hallar dos: la feminidad perdida de Auristela, y el cuerpo de Auristela. Por eso hay una doble búsqueda en el nombre del varón y una búsqueda simple en el de ella. El hecho de que cada cual no busque lo suyo, sino *lo del otro* es una vuelta más de tuerca a la profundidad cervantina que, comprendiendo perfectamente a León Hebreo, como bien demuestra Diana Wilson, comprende la imagen especular según la cual cada amante se mira en el pecho del otro como en un espejo, de forma que él es imagen de ella y ella de él.[6]

Mas debo ceñirme en lo posible al capítulo primero, si es que quiero que este apéndice lo sea de este libro y no de otro (ya bastante grave es que sea apéndice y no miembro). Es casi más impor-

---

Hércules el carácter de "aventuras," más bien –véase mi "Trabajo y aventura: el criterio del caballo"). Finalmente, lo de los nietos y bisnietos es importante en el *Persiles*, como he intentado mostrar, pero también lo es para el mito de Perseo, que, si hacia abajo resulta abuelo de Hércules, hacia arriba resulta nieto de Acrisio, a quien mata, en una fascinante historia sacrificial/edípica caracterizada por la "alternancia dinástica": salto presente en prácticas sociales, como el sistema de nombres y apellidos de la España medieval, y en historias y mitos incontables, entre los que he de colocar una que se parece mucho al *Persiles*, por cierto, y que no es sino *El testimonio de Yarfoz*, de Ferlosio.

[6] Véase esta especularidad (en su rotundidad de *deseo mimético* más descarnado), y véase su uso *ad nauseam* en el siguiente fragmento del libro I de la *Diana* de Montemayor (obra igualmente embebida en León Hebreo, como se sabe):

"Aunque no sé si hermosura tan grande en algún pensamiento, no tan subjecto como el nuestro, hiziera algún excesso, y más, si como yo un día la vi, acertara de vella, que estava sentada contigo junto a aquel arroyo peinando sus cabellos de oro, y tú le estavas teniendo el espejo en que de quando en quando se mirava. Bien mal sabíades los dos que os estava yo acechando desde aquellas matas altas que están junto a las dos enzinas, y aun se me acuerda de los versos que tú le cantaste sobre averle tenido el espejo en quanto se peinava . . .

–Por tu vida –dixo Sireno– que me digas los versos que dizes que yo la canté . . . " (121-22).

tante para este primer capítulo averiguar los nombres de Corsicurbo y de Cloelia, que, al cabo, son los únicos que en él aparecen desde el principio. De Periandro nos venimos a enterar más tarde (y por intervención directa del narrador) que se llama Periandro. De Corsicurbo y de Cloelia se nos dicen los nombres sin decírsenos "que así se llamaban."

Corsicurbo es el salvaje, el pirata que amenaza la navegación (corso), pero lo que de su nombre me llama la atención es el final, "curbo." La raíz latina que más se le parece es la de curvus, que significa "malo." En su papel de padre/madre del primer capítulo, es así el rebelde (corso) malo (*curvus*), el Padre Adán. Cloelia es, antes que nada, "elia," o sea, "ella." Es Eva. Pero su nombre bien puede haber sido el resultado final del juego ("formó, borró y quitó, añadió, deshizo y tornó a hacer") con dos figuras mitológicas: Cloto, una de las Parcas, la que tiene en sus manos la rueca que teje y desteje la vida de los mortales, y Elicia, nombre dado a Artemisa/Diana en su papel de divinidad que atiende a los partos.

Si tengo razón en lo expuesto en este libro, estos nombres "suenan a eso" y "significan eso." Son nombres esperables para unos personajes cuyos papeles estructurales son los aquí indicados. Mas puede suceder que mi lectura del *Persiles* sea no la mejor, sino la más mala que de él se ha emprendido, o que mi lectura sea buena, y estos nombres en estos significados sólo fruto de ella. Mas no son arbitrarios. Son demasiado elaborados para serlo. Pecan justamente de falta de transparencia en su cometido lingüístico normal. Dicen demasiado para ser arbitrarios. Inventados, sí, pero altos, sonoros, significativos. Se nos invita a leerlos. El personaje del centro de la novela, el que asiste mudo a la más inventada e inverosímil historia del *Persiles* (la del caballo de Cratilo), es Renato con su historia de salvación improbable, de auténtico renacimiento espiritual en virtud de la Gracia divina. Si no se lee su nombre como algo más que arbitrario, tampoco se lee, ni se entiende, la historia del caballo de Cratilo. Como no la lee Mauricio, el gran positivista.

Una última observación quiero hacer en lo tocante a los nombres del *Persiles*. Un texto tan estructurado a priori invita a leer los nombres paradigmáticamente, es decir, a leer a Periandro sólo en compañía de y oposición a Auristela; a Clodio con y frente a Rosamunda, a Renato junto y frente a Eusebia, etc. Mas, si estoy en lo cierto, el espesor analógico del *Persiles* es grande, legible en diferentes combinaciones con diferentes cifras interpretativas. Permítaseme aún extraer otra capa de enjundia [7] del espeso texto, hacer *otra* rápida lectura del *Persiles* a partir de la identificación del nombre *Periandro* no ya como *every man* (El Saffar), ni tan siquiera como *alrededor/hombre* (Baena), sino como *hijo del hombre*, y, por lo tanto, Cristo en uno de los más ambiguos y controversiales nombres que le da la Escritura. Nótese lo delicado de la imagen, que con nada más que adoptar los morfemas de plural adopta un significado primario inverso: "los hijos de los hombres." Este corrimiento de significado por corrimiento de material teóricamente poco significativo (morfema de singular a morfema de plural) no puede pasar desapercibido a un Cervantes acostumbrado a la generalizada praxis de su época de esta clase de cambios. Así, por ejemplo, si en vez del *número* gramatical, en apariencia inocuo, tomamos el *género* (de mucha menos inocuidad para el lector tanto post-deconstruccionista como renacentista), podemos, con sólo cambiar el morfema, transformar el villancico "Eres niña y has amor/ qué harás cuando mayor" *a lo divino* ("Eres niño y has amor/ qué harás cuando mayor"), de una pícara mocita a nada menos que el Niño Dios (Sánchez Romeralo, *El villancico* 16 y ss.). Si *género* es así de insidioso, cabe la sospecha de que *número*, que se las ha arreglado para permanecer siempre junto a él en todos los paradigmas gramaticales habidos y por haber (¡paradigma candorosa, escandalosamente llamado *accidentes gramaticales*!) participa de la misma insidiosidad. Del número he escrito bastante en este libro, tanto que si, por ejemplo, los en tanto modo importantes textos de Ruth El Saffar y Diana Wilson pueden ser tomados como "feministas" (y así han sido calificados en más de una reseña) y, por lo tanto, como *gendered*, el texto mío acaso deba ser tomado como *numbered*, y, por lo

---

[7] Digo esto no sin ironía, ya que, si inevitablemente la jerga crítica del presente me lleva a hablar de *espesor*, también inevitablemente el intertexto me trae servida en bandeja de plata la instancia de espesor más famosa de Cervantes, es decir, los "cuatro dedos de enjundia de cristiano viejo rancioso" de que presume Benito Repollo en *El retablo de las maravillas*. Ironizo, claro está, de mí mismo, puesto que procedo a separar una capa específica de ese espesor de significado: capa muy cristiano-vieja. Me consuela pensar que, si yo puedo ironizar de mí mismo, Cervantes podía hacerlo mucho mejor. Sólo Cervantes puede escribir un *Christian Romance* que, en su concepción de cristianismo, incluya la risa al lado de la más seria de las alegorías.

tanto *masculinista* (dados los atributos de vectorialidad, erección, etc. que en él se dan a tal número). Tienen razón ellas, tengo razón yo: lo que se opone al reencuentro con lo femenino es lo masculino, dicen; lo que se opone al género en su plenitud es el número en su plenitud, digo.

Siguiendo, pues, a Periandro como "hijo del hombre," Auristela (la misma *stella* de, por ejemplo, Compostela –*campus-stellae*) sería la Iglesia, *esposa* de Cristo, y, al igual que Compostela, lugar de peregrinación por excelencia: Iglesia que como "barca de Pedro" (nueva Arca de Noé) navega y navega por el mar proceloso del Mundo y del Siglo. (Nótese que bordeo muy de cerca la alegoresis ya clásica de Casalduero, pero que mi punto de partida son los nombres propios.) Esta lectura, desde este punto de vista, es de un totalitarismo tal, sin concesiones, de tal omnicomprensión en su significado, que resulta difícil de digerir. Creo que por eso se ha abandonado a Casalduero en favor de alegoresis más "suaves," o que, por lo menos, no se consideran " únicas." Dos notas de Forcione en su *Christian Romance* (dos notas que van seguidas, que son largas, y que, sin embargo, no se "atreven" a entrar en el texto principal) ponen de relieve lo bueno y lo malo de Casalduero y su alegoresis estricta y ortodoxa, que yo retrazaré aquí desde la sola perspectiva de los nombres propios: me refiero a las notas 62 y 63 (páginas 59-60). Creo que tiene razón Forcione al decir que su estudio "by no means exhausts the thematic substance of the *Persiles*." Tanta razón tiene, que Diana Wilson cita exactamente las mismas palabras (*Allegories of Love* xiii) para gracias a ellas incluir su propia aproximación como válida, junto a otras (por ejemplo, el otro libro de Forcione, que también Forcione cita con el mismo propósito). Tiene, pues, Forcione, más razón de la que él pensaba, y todavía tiene más razón si se admite este libro mío como otra interpretación válida. No estoy tan convencido, sin embargo, de que la "hypostization of a 'baroque reader' whose mind actively seeks Christian paradigms and analogies for all phenomena which it experiences" sea "the weakness in Casalduero's exegesis itself." El lector barroco no *puede* escapar a esa búsqueda activa de significados, a ese descifrado: se lo impide la *intertextualidad*. El texto de la Biblia y de la religión ha estado superpuesto durante demasiado tiempo (por lo menos desde San Agustín) al texto del mundo. El intertexto es inescapable. Acaso no para los Sancho Panzas analfabetos (yo diría que incluso para ellos, pero esto estoy dispuesto a concederlo al menor envite), pero sí para los Quijotes, los lectores. [8] Creo que aquí Casalduero tiene razón. La alegoresis estricta, ortodoxa, activa, no es, ciertamente, la única lectura posible del *Persiles*, ni, acaso, la más importante, ni la más sugerente, pero está ahí, no puede ignorarse. Si contradice a otras, el crítico tiene el problema de cómo conciliar todo, pero ese problema es el del crítico, y no desaparece tapando el sol con un dedo. Forcione tiene razón *a pesar de que* Casalduero tenga razón también, y la interpretación de Forcione debe hacer un sitio a la de Casalduero, en vez de sacarla del asiento para sentarse ella. De la misma manera, Ruth El Saffar tiene razón *a pesar de* que el *Persiles es* un *Christian Romance*. Intuyo que hay sitio para todos, como en la venta de Juan Palomeque, aunque sea sitio encantado, sitio de "golpes, coces y efusión de sangre."

Yendo, pues, a mi versión de la lectura ortodoxa del *Persiles*, una vez establecida la pareja Periandro-Auristela como Cristo-Iglesia (repito que me baso en los nombres), a Periandro hay que atribuirle los atributos de Cristo mismo, por ejemplo su muerte y resurrección (resurrección no creída, por cierto, por los sabios gentiles, como Mauricio no se cree lo del caballo de Cratilo). Desde el *principio*, es decir, *junto* a la última Thule, junto a la Edad Dorada (Edén, *Norte* absoluto), lo que hay es el punto más bajo (literalmente la cueva/mazmorra de la Isla Bárbara), es decir, la *caída*. De ahí que Roma (el centro) es un *retorno* (tema platónico si los hay) al *Norte*, siendo su opuesto el fin de la Historia, el fin de los tiempos. En el *medio* exacto, pues, está la muerte y resurrección de Cristo, tras *eras* (por ejemplo, la clásica, con sus repúblicas perfectas –isla de Policarpo–, sus Juegos Olímpicos, etc.).

Cristo "se casa" con la Iglesia. Uno de los sentidos de que, al final, Auristela se quiera hacer monja pero termina no haciéndolo

---

[8] En otro lugar, y con muy diferentes objetivos, mostraba yo el dominio de la intertextualidad, incluso sobre la cronología, sobre la historia, sobre la tirana direccionalidad única e irreversible del tiempo. En efecto, mostraba yo cómo Virgilio puede funcionar como *fuente* de la Biblia, mediante la copresencia en un lector (digamos Fray Luis de León) de los textos virgiliano y bíblico. Así, al explicar en *De los nombres de Cristo* el nombre *Pastor* que se le da a Cristo en la Escritura, el pastor a que se refiere Fray Luis no es tanto el obvio gañán pundonoroso que pasa frío, curte su piel y habla con su perro, todo para cuidar que las ovejas "tengan vida y la tengan en abundancia." No es Cristo "el buen Pastor" que defiende a sus ovejas de los lobos, sino el pastor de égloga, el pastor que incluso abandona a las ovejas dejándolas prácticamente fuera del texto pastoril.

es la idea muy erasmista de que somos *sobre todo* los seglares quienes formamos la Iglesia, y que hacemos Iglesia casándonos, etc. Auristela, pues, no sólo puede, sino que debe casarse con Periandro, como la Iglesia puede casarse con Cristo, sin necesidad de irse a un convento.

Si Periandro tiene mucho de Cristo (es el atleta perfecto, el hombre de más bello rostro, etc., su muerte y resurrección (tipificadas en ese central episodio del caballo de Cratilo) tienen lugar en el equivalente de la *Pax Romana* (era de Augusto) y, como Cristo, va a provocar la caída, no ya del "imperio del mal" (Isla Bárbara), sino de una "gran república," como lo era la isla de Policarpo.

Clodio es el diablo. Como diablo, pues, es tan "hijo del Ángel" como Cide Hamete Benengeli,[9] y nada más lógico para el "hijo del Angel" que morir, como el dragón a manos de San Jorge, como el Endriago a manos de Amadís, de un flechazo en la boca, a manos del "hijo del Hombre," que, en este caso, es Antonio (el hijo de Antonio, es decir, Antonio hijo, como se insiste en llamarlo en el texto). Si Clodio es Diablo, y Rosamunda es Mundo, ambos carnalmente juntos no son sino Carne, el tercer elemento de la trilogía de enemigos del alma. Clodio es "el maledicente": es Satanás. Rosamunda disfraza su nombre de "rosa-inmunda" como Benengeli lo disfrazaba de "berenjena": Rosamunda es Mundo, concretamente Rosa-Mundo, vehículo del Anticristo (la rosa es símbolo de la cruz, cruz tras de la cual, como dice el refrán "está el diablo").

La redención comienza con la muerte/resurrección de Cristo, exactamente tras encontrar a Renato y al ya mencionado caballo de Cratilo. En el centro de la novela, como en "el centro de los tiempos," se lleva a cabo la redención. Y aquí, en esta centralidad (y no finalidad) temporal de la redención está no ya el cristianismo, sino el catolicismo de Cervantes, lo que hace torcer el gesto al crítico por su sectarismo, lo que hace querer que Casalduero no tenga razón.[10] Tras "morir y resucitar" Periandro y "matar al diablo" (a

---

[9] Posee Clodio el don de los dioses que todos los Prometeos roban o quieren robar: la palabra, y la palabra en una de sus atribuciones más divinas (la de maldecir). En esto, Clodio, como los otros poseedores de la palabra, ya se llamen Merlín, Cide Hamete Benengeli o Cervantes, son *hijos del diablo*. En mi trabajo "Modos del hacedor de nombres cervantino: el significado de 'Cide Hamete Benengeli'" doy incluso relevancia etimológica, dentro de la lógica cervantina, al nombre de Benengeli como tal hijo del diablo.

[10] Pero creo que tiene razón, aunque no nos guste. La frase en que sugiere esa "centralidad final" de la salvación, que explicaría tanto la centralidad del caballo de

Clodio), aún queda toda una *mitad* en la saga de la salvación: no empezó el reino de Dios el día de la resurrección de Cristo, sino que estamos en su búsqueda todavía, en espera de una *segunda venida* que, en su necesidad, hace a la primera parecer, dentro de su admirable perfección (ni una sola pata se quebró el caballo) inacabada, fallida. Cervantes, al ser hacedor de nombres, al ser Adán, es, como Loyola, como Fourier, como Sade, un *logoteta*,[11] y, como tal, el explorador, el inventor de una nueva tierra donde se viaja ("La nomination invente une terre nouvelle, à la manière des récits de voyage" –Certeau 185). "Se viaja mucho en ciertas novelas de Sade," es el comienzo de la serie barthiana de tres ensayos sobre logotetas. Tales viajes serían, pues, inescapables de la nominación, de ser Adán. Si Corsicurbo era Adán, esto es necesario, esto está clarísimo.

Cratilo como el comienzo *in medias res*, es esta: "Cervantes había decidido recurrir al procedimiento de Heliodoro . . . conmovido, quizá, al poder hacer conocida la revelación de la historia del hombre con su desenlace, pues para el cristiano es el desenlace el que da sentido al nudo, es la muerte la que da sentido a la vida" (9-10). Estas palabras de Casalduero, según las cuales *al final era el Verbo* (al principio eran *voces*), son, creo, su más fina intuición, sobre todo si se toman con el condicionamiento que les da ese "Cervantes había decidido." Según Casalduero, tanto o más que de *salvación*, se trataría de *revelación*, sin que aquélla pueda existir sin ésta. Pero ¡qué fácil es hablar de la muerte hacia 1600 ó 1605, cuando se la ve de lejos, cuando se la puede ver como una suma total que, de ser positiva, cancela todo el sufrimiento pasado (o que, precisamente por haber habido mucho sufrimiento, cargable en el *haber*, hay derecho a un *debe* que se cobra al morir)! ¡Qué diferente ver la muerte de cerca, de cerquísima ("a más tardar . . . este domingo") y ver pospuesta la felicidad una vez más (acaso los hijos tengan lo que yo no tuve . . .); ver que, si todo dependía de la *Gratia*, si todo era *gratis*, el trabajo era, en verdad, maldito, pues no era una imposición, como en el cuento de Ferlosio, por haber matado ni robado, sino por ser lobo, por ser lo que se es!

[11] Aludo, por supuesto, a *Sade, Loyola, Fourier* y al adjetivo con que une Barthes en ese libro a los tres.

APÉNDICE 2

DEL 1 Y DEL 0

> Mas porque non entendrian el lenguaje non usado,
> Que desputasen por señas, por señas de letrado.
> (Juan Ruiz, Arcipreste de Hita)

0. En el principio era la escritura, y la escritura era el trazo, y el trazo era la *différance*. Mas en el principio era la violencia. Hay violencia en el trazar: sea el trazo el flechazo que mata al mamut, sea la trayectoria de la quijada de asno que mata a Abel, sea el surco que el arado abre en la violada Madre Tierra, en el Cero. El trazo es el número, es el Uno.

1. El uno tiene como grafía la más cercana a la pura idea de *trazo*, de *palote*. Hoy día lo escribimos de dos maneras: como una simple raya, o como una flechita. Cada una de esas maneras acentúa una de las dos caras del uno: bien la de ser imagen del trazo en su pureza, bien la de ser imagen de la flecha (flecha que, por otra parte, es imagen del tiempo, con lo que el tiempo no es sino violencia). Como fuere, nuestras grafías del uno muestran su cara agresiva, en detrimento de toda teología del Uno, de todo monoteísmo. En efecto, el uno, es la quintaesencia del número, siendo al mismo tiempo símbolo de la singularidad. En cuanto a esto último, simboliza la escritura como "fijadora" del cosmos, y simboliza a Dios; en cuanto a lo primero, simboliza la violencia, la diferencia.

Esta simultaneidad de rostros del uno está expuesta magistralmente en un texto que, además, es una honda meditación acerca de la básica incorrección de toda hermenéutica "correcta," es decir, una finísima manera de decir lo que en nuestros días ha sido dicho como "every reading is a misreading." Hablo de la sección del *Libro de buen amor* encabezada por un título que, por aquello de *los cuydados*, está íntimamente relacionado con *los trabajos* de Persiles y Sigismunda, es decir, de la sección encabezada de esta manera:

> Aquí fabla de cómo todo ome entre los sus cuydados se deve alegrar é de la disputaçión que los griegos é los romanos en uno ovieron. (23)

Eso de la "disputaçión en uno" tiene mucho más que ver con el asunto en sí de la disputa que lo que normalmente se le atribuye: es mucho más que decir "juntos tuvieron." La disputa va a ser "en uno," porque lo que está en juego es la hermenéutica del número mismo, quintaesenciada en el uno. El arranque de toda la clave de (in)correcta interpretación, e interpretación de la interpretación, está en ese dedo que levanta el griego, en ese elemental *trazo* hecho con el dedo *índice*, que ya desde el mismísimo *cuerpo* humano tiene "forma de uno." En efecto, el griego

> mostró sólo un dedo, qu'está çerca del pulgar (28)

lo cual es interpretado (y creído como interpretación de los romanos) por el griego de esta manera:

> Yo dixe qu'es un Dios (29)

pero que es interpretado por el "rribaldo romano" de esta otra manera:

> Dixom' que con su dedo me quebraria el ojo (29)

Y es que, en efecto, el dedo del uno tiene punta, es un arma de agresión, como una flecha. Ser más "letrado" no hace sino encubrir, eliminar de la existencia posible, esta terrible concomitancia de todo *uno*, de todo dios. El dedo del griego es para el romano tan amenazante como lo es la flecha del bárbaro para Periandro, y ésta, a su vez, es tan simbolizante del *uno* como ese dedo. Juan Ruiz sabe perfectamente el error de las interpretaciones *correctas* (¿qué puede haber más correcto que proclamar "hay un solo Dios en tres personas..."?), e invita al entendimiento opuesto a esa corrección:

> Entiende bien mis dichos e piensa la sentençia,
> Non contesca contigo como al dotor de Greçia (25)

La modernidad de Juan Ruiz está aquí en afirmar (mediante la negación de su contrario –"non contesca") el lado del romano, el lado que escribe en el uno el arma agresora, la flecha peligrosa, como lo vemos nosotros en nuestras dos grafías del uno (el simple trazo y la *flechita*), que *temerariamente*, con el atrevimiento, acaso, propio de la ignorancia, lo enfatizan como peligroso al dotarlo de *punta*.

No siempre ha sido así. Son los nuestros tiempos poco civilizados, edad del hierro, tan alejada del *trazo* original, que lo ha olvidado (es decir, no es nuestra civilización creadora de alfabetos, ni lo era en tiempos de Juan Ruiz: hemos *adaptado* los alfabetos de otros que, acaso por conocer mejor que nosotros lo peligroso del uno –siempre, sea cual sea el alfabeto, el uno va a estar escrito en el cuerpo en ese dedo índice– huyen de esa punta, o, como se hace con los cuernos de los toros en las corridas fraudulentas, lo "afeitan," le hacen roma esa punta). En efecto, dos sistemas de guarismos son los antecesores de los nuestros, el llamado *romano* y el llamado *arábigo*. El uno romano es el simple palote-retrato del dedo índice (e incluso parece que todos los guarismos romanos tienen su origen en figuras de las manos, lo que explica la presencia de guarismos para el uno, el cinco y el diez, y la concomitante ausencia de guarismos distintos para el dos, el tres, el cuatro y los demás números),[1] pero, al menos en su grafía monumental, cívica, imperial, dominadora del cosmos, ese palote tiene aserradas las puntas, como los cuernos de los toros, por esas dos "rayitas" horizontales que dan, junto al palote original, la I que todos conocemos. El I romano es un uno civilizado, un uno de creadores de alfabeto, un uno con la punta peligrosa anulada.

El otro antecesor de nuestro uno es, por supuesto, el arábigo. Ahora bien, parece ser que en los orígenes de los guarismos "árabes" hay abstracciones bien diferentes del dedo índice y de su concomitante peligrosidad. En efecto, para los orientales inventores del

---

[1] El cinco (la V) sería la "uve" formada por el pulgar y los otros dedos unidos entre sí, en una mano abierta, dado que en la anatomía humana se salta del "natural" uno al "natural" cinco, como se salta de dedo a mano (una mano son cinco dedos, y entre ellos no hay doses ni treses, ni cuatros), y el diez (la X) sería una doble V, es decir, el otro salto, el tener "dos uves," dos manos.

álgebra, el cuerpo es demasiado sublunar como para dar base a ninguna numeración. No en vano son ellos mismos los que inventan el cero, como imagen de *lo que no es*. El sistema de guarismos árabe es muchísimo más pitagórico, y hasta platónico, que el romano. Parece ser que el sistema quería estar basado en el número de *ángulos* de cada guarismo.[2] Así, el uno que ellos inventaron no era "un palote," no era "un trazo," sino "un ángulo," un producto del más poderoso *logos*. El uno era algo así como ٦ , de manera que el dos eran "dos ángulos" (casi una Z), el tres, "tres ángulos" (ʒ) , y así sucesivamente. Ifrah reproduce en su página 484 un bello cuadro de cifras como número de ángulos (o de puntos), que es, precisamente, del Renacimiento, y que pretendía ser un *aide-mémoire*, una educativa manera, pues, de orientar la mente del alumno hacia el civilizado ángulo o el inofensivo punto, y no hacia el peligroso dedo que, si cuenta, también busca feroz el ojo del adversario. Relacionado con esto tenemos otro cuadro fascinante, que esta vez nos da Menninger en su página 418. Es un cuadro en que los guarismos modernos quieren ser *todos ellos* hechos con las manos, siguiendo la lógica de que si el uno es un dedo recto, el dos puede ser un dedo curvado. . . . El resultado es una imposible serie de posturas imposibles de los dedos y las manos, casi como de manos que hacen sombras chinescas, que Menninger da como curiosidad. Lo que tal cuadro demuestra es la total incompatibilidad entre los dedos (posible base de los números romanos) y los números arábigos. Sabemos que éstos *no* se originaron de aquéllos. Sabemos que este cuadro fasci-

---

[2] Al parecer, esta idea fue sugerida en el siglo XIX por un francés, P. Voizot, que a su vez lo atribuía a "un escritor genovés," sin dar mucho fundamento a su teoría. Más fundamento le da Cajori (tomo I 66). Véase también Menninger 417 y ss. En realidad, este proceso de abstracción es un *arrière-pensée*, dado que tanto el "ganchito" del 1 como el trazo medio del 2 (de esa "z" que quiere ser el 2) son posiblemente efecto de la rapidez y fluidez del trazo a mano, del *script*. Así, el 2, en su forma antigua parecida a la z viene de unir con un trazo las dos rayas horizontales de un "dos" primitivo (=), y el 3 primitivo, ese ʒ, de idéntico proceso con respecto a tres rayas horizontales (≡). Mas fijémonos en que, para esta evolución, los trazos de los números primitivos han perdido ya desde su origen la amenazadora verticalidad. Son ya flechas en reposo (véase Smith y Karpinski 1 46, y también Ifrah 484 y ss.). Por otra parte, Boecio, o el escriba que lo interpola, encuentra natural que se hable de números como ángulos, o de ángulos como números, cosa que no se explican Smith y Karpinski, pero que no debería resultar tan chocante ("The passage in question has all the appearances of an interpolation by some scribe. Boethius is speaking of angles, in his work on geometry, when the text suddenly changes to a discussion of classes of numbers" (Smith-Karpinski 87).

nante es "one way in which they definitely did *not* originate" (subrayado de Menninger).

Hoy, los que, a mano, se entiende, escriben el uno como simple trazo, siguen la línea romana, pero han despojado a las puntas de la I de sus topes de protección. Los que escriben el uno angulado, flechado (que es el que la imprenta ha adoptado, es decir, el 1), siguen el linaje árabe, sin más variación que el haber hecho agudo el ángulo que en sus orígenes quería ser recto. Ahora bien, al hacer eso, han transformado al quieto, al *lógico* uno de los sabios orientales, en una flecha, en una peligrosísima arma de agresión, vehículo de violencia.

2. Frente a esto, el cero es el espacio que fue, pero ya no es: es aquello donde se trazó por primera vez, antes de que hubiera trazo alguno. Es la redondez de lo quieto, de lo no violento, de lo indiferenciado. Vientre materno o Madre Tierra; esfera celeste o mar del que se (re)nace, el cero es ausencia, es lo que no está, es el centro teorizable pero inalcanzable, es el Dios más allá del demiurgo flechador.[3] Sólo los orientales pudieron concebir a ese dios: sólo los orientales pudieron concebir a ese cero. Los romanos jamás lo tuvieron.

3. Oriente y Occidente siguen siendo irreconciliables. Roma sigue diciendo *Delenda est Cartago*, y el *Persiles* tiene a Roma como principio, como centro, como fin. ¿Es acaso *romano* Cervantes? Américo Castro juraba que no, y con él seguimos muchos poniendo la mano en el mismo fuego (Wilson, Swietlicki, El Saffar . . . nombro a tres mujeres, porque son las que primero me vienen a la mente en este espinosísimo asunto, lo cual no deja de tener su mis-

---

[3] En Smith-Karpinski, páginas 38 y 57 y ss.), el cero aparece definido, a través de los tiempos, como "el cielo," "el vacío," "el espacio del cielo," mientras que el uno es el "palo." Leonardo de Pisa, en 1202, por ejemplo, se refiere al cero como *zephirum* (árabe *sifr*). Nuestra palabra *cero* es la forma apocopada de *céfiro*. Quiero hacer notar aquí dos curiosidades. Una, que la palabra *nulo* se deriva del latín *unullus*, o sea, "uno pequeño," con lo cual se confirmaría la hipótesis de Paul de Man según la cual el cero es expresable al tomar la figura del uno, el uno *dice* al cero. La segunda curiosidad es una aparente excepción a esa tendencia a figurar el cero como círculo y el uno como palo o flecha. Al parecer, en la tradición de la cultura śārada, el círculo se usa como uno, y el punto como cero. Pero eso no es sino reproducir con toda fidelidad el modelo orbital de la vida humana que Cervantes da en el mero centro del *Persiles* (Smith-Karpinski 48).

terio). Si Cervantes es romano, el *Persiles* es el *Christian romance* –de la Iglesia Católica *Romana*– culminante: la épica de la barca de Pedro. Si Cervantes no es romano, el *Persiles*, en su total abarcamiento del cosmos, es la más cósmica carcajada jamás escrita.

Si Cervantes es mestizo, la carcajada se helará en la garganta, la mano izquierda (la del margen, la desechada por Lepanto, la que le dio sobrenombre, aquella con la que escribía el *Quijote*, si hemos de hacer caso a la muy verosímil imagen que nos presenta Avalle-Arce de un Cervantes escribiendo el *Persiles* con la derecha mientras escribía el *Quijote* con la izquierda), esa mano *maldita*, *inútil*, luchará con sus últimas fuerzas con la robusta, apolínea, templada derecha, a sabiendas de que perderá, pero a sabiendas también de que, como la de la muerte que se le avecina a todo él, con sus dos manos, esa victoria de la mano derecha va a ser hueca, pírrica, carente de todo significado.

BIBLIOGRAFÍA

Allen, John J. *Don Quixote: Hero or Fool? A Study in Narrative Technique*. Gainesville: University of Florida Press, 1969.
———. *Don Quixote: Hero or Fool? Part II*. Gainesville: University of Florida Press, 1979.
Allen, Kenneth. "Aspects of Time in *Los trabajos de Persiles y Sigismunda*." *Revista Hispánica Moderna* 36 (1970-71): 77-107.
Álvarez, Marisa C. "Emblematic Aspects of Cervantes' Narrative Prose." *Cervantes* Winter 1988 (número especial): 149-58.
Atkinson, William C. "The Enigma of the *Persiles*." *Bulletin of Hispanic Studies* 24 (1947): 242-53.
Auerbach, Erich. "Figura." En *Scenes from the Drama of European Literature*. New York: Meridian Books, 1959. 11-76.
———. "Farineta y Cavalcante." En *Mímesis: la realidad en la literatura*. México: Fondo de Cultura Económica, 1975. 166-93.
Avalle-Arce, Juan Bautista. *Deslindes cervantinos*. Madrid: Edhigar, 1961.
———. "*Persiles* and Allegory." *Cervantes* 10 1 (1990): 7-16.
Baena, Julio. "*Los trabajos de Persiles y Sigismunda*: la utopía del novelista." *Cervantes* 8 2 (1988): 125-140.
———. *El poemario de Fray Luis de León*. New York-Berna: Peter Lang, 1989.
———. "Trabajo y aventura: el criterio del caballo." *Cervantes* 10 1 (1990): 51-57.
———. "Tener voz y dar voces en una audiencia: dos discursos procesales en *Fuenteovejuna*." *Bulletin of the Comediantes* 49 1 (1990): 143-54.
———. "¡Vivan las cadenas! (San Juan de la Cruz, otros místicos españoles y una película de Buñuel)." *San Juan de la Cruz* 12 (1993): 237-48.
———. "Modos del hacedor de nombres cervantino: el significado de 'Cide Hamete Benengeli'." *Indiana Journal of Hispanic Literatures* 2 2 (1994): 49-62.
Bakhtin, Mikhail. *Rabelais and his World*. Cambridge, MA.: Harvard University Press, 1968.
———. *Problems of Dostoyevsky's Poetics*. Ann Arbor, MI.: Ardis, 1973.
———. *The Dialogic Imagination*. Austin: University of Texas Press, 1981.
——— y P. N. Medvedev. *The Formal Method in Literary Scholarship*. Cambridge, MA.: Harvard University Press, 1985.
Bandera, Cesáreo. "Cervantes frente a don Quijote: violenta simetría entre la realidad y la ficción." *Modern Language Notes* 89 (1974): 159-72.
———. *Mímesis conflictiva: ficción literaria en Cervantes y Calderón*. Madrid: Gredos, 1975.
———. "The Doubles Reconciled." *Modern Languages Notes* 93 (1978): 1007-1014.
———. "Conflictive Versus Cooperative Mimesis: A Reply to Ciriaco Morón Arroyo." *Diacritics* 9 (1979): 62-70.

Bandera, Cesáreo. "Cervantes' *Quijote* and the Critical Illusion." *Modern Language Notes* 94 (1979): 702-19.

———. "An Open Letter to Ruth El Saffar." *Cervantes* 1 (1981): 95-107.

Barney, Stephen A. *Allegories of History, Allegories of Love.* Hamden, CN.: Arcon Books: 1979.

Barthes, Roland. *Sade, Loyola, Fourier.* Caracas: Monte Ávila, 1970.

———. *El grado cero de la escritura, seguido de Nuevos ensayos críticos.* Buenos Aires: Siglo XXI, 1976.

———. "Las láminas de la Enciclopedia." En *El grado cero de la escritura.* 123-47.

Barthes, Roland et al. *Exégèse et Herméneutique.* Paris: Seuil, 1971.

Bataillon, Marcel. "Cervantes et le 'mariage chrétien'." *Bulletin Hispanique* 49 (1947): 129-44.

———. *Erasmo y España.* México: Fondo de Cultura Económica, 1950.

Booth, Wayne C. *A Rhetoric of Irony.* Chicago: University of Chicago Press, 1974.

———. *The Rhetoric of Fiction.* 2.ª ed. Chicago: University of Chicago Press, 1983.

Cajori, Florian. *A History of Mathematical Notations.* 2 vols. Lasalle, Illinois: The Open Court Publishing Company, 1928.

Camamis, George. "The Concept of Venus-Humanitas in Cervantes as the Key to the Enigma of Botticelli's *Primavera*." *Cervantes* 8 2 (1988): 183-223.

Caplan, Harry. "The Four Senses of Scriptural Interpretation and the Mediaeval Theory of Preaching." *Speculum* 4 (1929): 282-90. Reeditado en *Of Eloquence: Studies in Ancient and Mediaeval Rhetoric.* Ithaca: Cornell University Press, 1970.

Casalduero, Joaquín. *Sentido y forma de "Los trabajos de Persiles y Sigismunda."* Buenos Aires: Editorial Sudamericana, 1947.

Caso, Alfonso. *El pueblo del sol.* 2.ª reimpresión. México: Fondo de Cultura Económica, 1974.

Castro, Américo. *Hacia Cervantes.* 3.ª ed. Madrid: Taurus, 1967.

———. *El pensamiento de Cervantes.* Nueva edición ampliada y con notas del autor y de Julio Rodríguez Puértolas. Barcelona-Madrid: Noguer, 1972.

Certeau, Michel de. *La Fable mystique.* Paris: Gallimard, 1982.

Cervantes, Miguel de. *Los trabajos de Persiles y Sigismunda.* Ed. Juan Bautista Avalle-Arce. Madrid: Castalia, 1969.

———. *The Trials of Persiles and Sigismunda.* Trad. de Celia Richmond Weller y Clark Colahan. Berkeley: University of California Press, 1989.

———. *Don Quijote de la Mancha.* 1955 2 vols. Ed. Martí de Riquer. 9.ª ed. Barcelona: Juventud, 1979.

———. *El ingenioso hidalgo Don Quixote de la Mancha.* 6 vols. Comentado por Diego Clemencín. Madrid: D. E. Aguado, 1833-1839.

———. *El ingenioso hidalgo don Quijote de la Mancha.* 10 vols. Ed. Francisco Rodríguez Marín. Madrid: Atlas, 1947.

———. *Novelas ejemplares.* 2 vols. Ed. Harry Sieber. Madrid: Cátedra, 1981.

———. *La Galatea.* 2 vols. Ed. Juan Bautista Avalle-Arce. Madrid: Espasa-Calpe, 1961.

Colahan, Clark. "Toward an Onomastics of Persiles/Periandro and Auristela/Sigismunda." *Cervantes* 14 1 (1994): 19-40.

Cruz, San Juan de la. *Obras Completas.* 2 vols. Ed. Luce López Baralt y Eulogio Pacho. Madrid: Alianza Editorial, 1991.

Curtius, Ernst Robert. *European Literature and the Latin Middle Ages.* Princeton: Princeton University Press, 1973.

De Armas, Frederick. "Banquet of the Senses: The Mythical Substructure of *Persiles*, Book 3." Convención anual de la Modern Language Association of America, Chicago, 29 de diciembre de 1990.

De Lollis, Cesare. *Cervantes reazionario e altri scritti d'Ispanistica*. Firenze: G. C. Sansoni, 1947.
De Man, Paul. *Interpretation Theory and Practice*. Baltimore: Johns Hopkins University Press, 1969.
———. "The Rhetoric of Temporality." En *Allegories of Reading*. Ed. Charles S. Singleton. New Haven, Connecticut: Yale University Press, 1979. 173-209.
———. "Pascal's Allegory of Persuasion." En *Allegory and Representation*. Ed. Stephen J. Greenblatt. Baltimore: Johns Hopkins University Press, 1981. 1-25.
Derrida, Jacques. *L'ècriture et la différence*. Paris: Editions du Seuil, 1967.
———. *De la Grammatologie*. Paris: Editions de Minuit, 1967.
———. "La différance." En *Tel Quel: Théorie d'ensemble*. Paris: Editions du Seuil, 1968.
———."The Law of Genre." En *Glyph 7: Johns Hopkins Textual Studies*. Baltimore: Johns Hopkins University Press, 1980, 203-4.
Di Salvo, Angelo J. "St. Augustine and the *Persiles* of Cervantes." En *Studies on Don Quijote and other Cervantine Works*. Ed. Donald W. Bleznick. York, South Carolina: Spanish Literature Publications Company, 1984. 55-64.
Dudley, Edward. "The Wild Man Goes Baroque." En *The Wild Man Within: An Image in Western Thought from the Renaissance to Romanticism*. Ed. Edward Dudley y Maximillian E. Novak. Pittsburgh: University of Pittsburgh Press, 1972.
Durán, Manuel. "Cervantes's Swan Song: *Persiles and Sigismunda*." En *Cervantes*. New York: Twayne, 1974. También en *Cervantes*. Ed. Harold Bloom. New York: Chelsea House, 1987.
Eco, Umberto. "The Comic and the Rule." En *Travels in Hyperreality*. New York: Harcourt Brace Jovanovich, 1986. 269-78.
———. *The Limits of Interpretation*. Bloomington: Indiana University Press, 1990.
Eisenberg, Daniel. "¿Tenía Cervantes una biblioteca?" En *Estudios cervantinos*. Barcelona: Sirmio, 1991. 11-36.
———. "La teoría cervantina del tiempo." En *Estudios cervantinos*. Barcelona: Sirmio, 1991. 105-117.
———. "El romance visto por Cervantes." En *Estudios cervantinos*. Barcelona: Sirmio, 1991. 57-82.
El Saffar, Ruth. *Novel to Romance: A Study of Cervantes's* Novelas ejemplares. Baltimore: Johns Hopkins University Press, 1974.
———. "Tres imágenes claves de lo femenino en el *Persiles*." *Revista canadiense de estudios hispánicos* 3 (1979): 219-36.
———. "Periandro, Exemplary Character, Exemplary Narrator." *Hispanófila* 69 (1980): 9-16.
———. "On Beyond Conflict." *Cervantes* 1 (1981): 83-94.
———. *Beyond Fiction: The Recovery of the Feminine in the Novels of Cervantes*. Berkeley: University of California Press, 1984.
———. "Unbinding the Doubles: Reflections of Love and Culture in the Work of René Girard." *Denver Quarterly* 18 4 (1984): 6-22.
———. "Confessions of a Cervantes Critic." *Journal of Hispanic Philology*. Special Issue: *Feminist Topics*. Ed. Alison Weber. 13 (1989): 253-69.
———. "Persiles' Retort: An Alchemical Angle on the Lovers' Labors." *Cervantes* 10 1 (1990): 17-33.
Eguílaz y Yanguas, Leopoldo. "Notas etimológicas a *El ingenioso hidalgo Don Quijote*." En *Homenaje a Menéndez y Pelayo*. 2 vols. II: 121-42. Madrid: Librería general de Victoriano Suárez, 1899.
Faulhaber, Charles. *Latin Rhetorical Theory in 13th and 14th Century Castile*. Berkeley: University of California Press, 1972.

Faye, Jean-Pierre. *Langages totalitaires.* Paris: Hermann, 1972.
Fernández de la Vega, Celestino. *El secreto del humor.* Buenos Aires: Nova, 1967.
Fletcher, Angus. *Allegory: The Theory of a Symbolic Mode.* Ithaca: Cornell University Press, 1964.
Flores, Robert. "The Loss and Recovery of Sancho's Ass in *Don Quijote*, part I." *Modern Language Review* 75 (1980): 301-10.
———. "The Role of Cide Hamete in *Don Quijote*." *Bulletin of Hispanic Studies* 59 (1982): 3-14.
Forcione, Alban K. *Cervantes, Aristotle and the* Persiles. Princeton: Princeton University Press, 1970.
———. *Cervantes' Christian Romance: A Study of* Persiles y Sigismunda. Princeton: Princeton University Press, 1972.
———. *Cervantes and the Humanist Vision: A Study of four Exemplary Novels.* Princeton: Princeton University Press, 1982.
——— y Tilbert Diego Stegmann. "El *Persiles*." En *Historia y crítica de la literatura española*, a cargo de Francisco Rico. Vol. II. *Siglos de oro: renacimiento*, a cargo de Francisco López Estrada. 651-60. Barcelona: Crítica, 1980.
Foucault, Michel de. *The Order of Things.* New York: Random House, 1970.
———. *The Archaeology of Knowledge and the Discourse on Language.* New York: Pantheon Books, 1972.
———. *Power/Knowledge.* New York: Pantheon Books, 1980.
Frye, Northrop. *Anatomía de la crítica.* 1957. Caracas: Monte Ávila, 1977.
———. *The Secular Scripture: A Study of the Structure of Romance.* Cambridge, Mass.: Harvard University Press, 1976.
Gates, Eunice Joyner. *Documentos gongorinos.* México: El Colegio de México, 1960.
Girard, René. *Mensonge romantique et verité romanesque.* Paris: Bernard Grasset, 1961.
———. *La Violence et le Sacré.* Paris: Bernard Grasset, 1972.
———. *Des Choses Cachés depuis la fondation du monde.* Paris: Bernard Grasset, 1978.
———. "Les crimes des dieux." En *Le bouc émissaire.* Paris: Bernard Grasset, 1982.
———. *La route antique des hommes pervers.* Paris: Bernard Grasset, 1985.
Goldmann, Lucien. *Le Dieu caché.* Paris: Gallimard, 1959.
———. *Pour une sociologie du roman.* Paris: Gallimard, 1964.
Góngora, Luis de. *Fábula de Polifemo y Galatea.* En *Góngora y el Polifemo.* Ed. Dámaso Alonso. 7.ª ed. Madrid: Gredos, 1985. 3 vols.
———. *Soledades.* Ed. John Beverley. Madrid: Cátedra, 1989.
González, Eduardo. "Del *Persiles* y la Isla Bárbara: fábulas y reconocimientos." *Modern Language Notes* 94 (1979): 222-57.
———. *La persona y el relato: proyecto de lectura psicoanalítica.* Madrid: José Porrúa Turanzas, 1985.
Gosser, Mary Ann. "*Cobra*: Writing is the Art of Ellipsis and Digression." En *Critical Studies on the Literatures of Spain and Spanish America.* Ed. Luis T. González del Valle y Julio Baena. Boulder: Society of Spanish and Spanish-American Studies, 1991. 111-20.
Gracián, Baltasar. *Oráculo manual y arte de prudencia.* Madrid: Biblioteca popular Cervantes, 1928.
Green, Otis. *Spain and the Western Tradition.* 4 vols. Madison: University of Wisconsin Press, 1963-66.
Hauser, Arnold. *Historia social de la literatura y el arte.* 3 vols. Madrid: Guadarrama, 1969.
———. *El manierismo; la crisis del Renacimiento y los orígenes del arte moderno.* Madrid: Guadarrama, 1965.

Hebreo, León (Abrabanel, Juda). *Diálogos de amor*. Trad. Inca Garcilaso de la Vega. Buenos Aires: Espasa-Calpe (Col. Austral), 1947.
Heiserman, Arthur. *The Novel Before the Novel*. Chicago: University of Chicago Press, 1977.
Heliodoro. *Las etiópicas o Teágenes y Cariclea*. Ed. Emilio Crespo Güemes. Madrid: Gredos, 1979.
Henry, Patrick. "Old and New Mimesis in Cervantes." *Cervantes* 10 1 (1990): 79-86.
Ifrah, Georges. *From One to Zero: A Universal History of Numbers*. New York: Viking, 1985.
Jameson, Fredric. *The Political Unconscious*. Ithaca, N.Y.: Cornell University Press, 1981.
———. "Magical Narratives: Romance as Genre." *New Literary History* 7 (1975): 135-63.
Javary, Geneviève. *Recherches sur l'utilisation du thème de la Sekina dans l'apologétique chrétienne du XVe au XVIIIe siécle*. Lille: Université de Lille III et Libr. Honoré Champion, 1978.
Johnson, Barbara. *A World of Difference*. Baltimore: Johns Hopkins University Press, 1987.
Kristeller, Paul Oskar. *Renaissance Thought: The Classic, Scholastic and Humanistic Strains*. New York: Harper & Row, 1961.
Lacan, Jacques. "El estadio del espejo como formador de la función del yo tal como se nos revela en la experiencia psicoanalítica." En *Escritos*. Trad. Tomás Segovia. Vol. 1. 2.ª ed. México: Siglo XXI, 1976. 11-18.
Lamana de Lasa, Graciela C. "Enfoque estilístico de la nominación en el *Quijote* de Cervantes." *Anales cervantinos* 16 (1977): 139-58.
Lapesa, Rafael. "En torno a *La española inglesa* y el *Persiles*." En *Homenaje a Cervantes*. Ed. F. Sánchez-Castañer. Vol. 2. Valencia: Mediterráneo, 1950. 494-515.
Lehmann, Henri. *Las culturas precolombinas*. Buenos Aires: EUDEBA, 1960.
Lewis, C. S. *The Allegory of Love: A Study in Medieval Tradition*. Oxford: Clarendon Press, 1936.
López Estrada, Francisco, ed. *El abencerraje*. Madrid: Cátedra, 1987.
López Pinciano, Alonso. *Philosophia Antigua Poética*. Ed. Alfredo Carballo Picazo. 3 vols. Madrid: Consejo Superior de Investigaciones Científicas, Instituto Miguel de Cervantes, 1953.
López Piñero, José María. *La introducción de la ciencia moderna en España*. Barcelona: Ariel, 1969.
Lubac, Henri de. *Exégèse médiévale*. 4 vols. París: Aubier, 1959-1964.
Lukacs, Georg. *Teoría de la novela*. Buenos Aires: Siglo XX, 1974.
Macedo, Helder. *Do significado oculto da* Menina e Moça. Lisboa: Moraes, 1977.
Maravall, José Antonio. *Utopía y contrautopía en el* Quijote. Santiago de Compostela: Pico Sacro, 1976.
Martínez Bonati, Félix. "Cervantes y las regiones de la imaginación." *Dispositio* 2 (1977): 28-53.
McLean, Ian. *The Renaissance Notion of Woman*. Cambridge: Cambridge University Press, 1980.
Menninger, Karl. *Number Words and Number Symbols: A Cultural History of Numbers*. New York: Dover Publications, 1992.
Montemayor, Jorge de. *Los siete libros de la Diana*. Ed. Asunción Rallo. Madrid: Cátedra, 1991.
Morón Arroyo, Ciriaco. "Cooperative Mimesis: Don Quixote and Sancho Panza." *Diacritics* 8 (1978): 75-86.
Mujica, Barbara. *Spanish Pastoral Characters*. Potomac, Md.: Scripta Humanistica, 1986.

Murillo, Luis Andrés. *The Golden Dial: Temporal Configuration in* Don Quijote. Oxford: Dolphin, 1975.

———. "El Ur-Quijote: nueva hipótesis." *Cervantes* 1 (1981): 43-50.

Nuttall, A. D. *Openings: Narrative Beginnings from the Epic to the Novel.* Oxford: Clarendon Press, 1992.

Osuna, Rafael. "El olvido del *Persiles.*" *Boletín de la Real Academia Española* 48 (1968), 55-75.

Parker, Alexander. *The Philosophy of Love in Spanish Literature.* Edinburgh: Edinburgh University Press, 1985.

Paz, Octavio. *El laberinto de la soledad.* México: Fondo de Cultura Económica, 1959.

———. *Posdata.* México: Siglo Veintiuno, 1970.

Pépin, Jean. *Mythe et allégorie. Les origines grecques et les contestations judéo-chrétiennes.* Paris: Aubier, 1958.

Percas de Ponseti, Helena. *Cervantes y su concepto del arte.* 2 vols. Madrid: Gredos, 1975.

———. "Cervantes the Painter of Thoughts." *Cervantes.* Winter 1988 (número especial): 135-48.

Portilla, Miguel León. *De Teotihuacán a los aztecas.* México: UNAM, 1971.

Randel, Mary Gaylor. "Ending and meaning in Cervantes' *Persiles y Segismunda.*" *Romanic Review* 74 (1983): 152-69.

Rhodes, Elizabeth. "Skirting the Men." *Journal of Hispanic Philology* 11 (1987): 131-49.

Rico, Francisco. *El pequeño mundo del hombre. Varia fortuna de una idea en las letras españolas.* Madrid: Castalia, 1970.

Riffaterre, Michel. *Ensayos de estilística estructural.* Barcelona: Seix Barral, 1976.

Riley, Edward C. *Teoría de la novela en Cervantes.* 1962. Madrid: Taurus, 1966.

Rossi, Rosa. *Escuchar a Cervantes: Un ensayo biográfico.* Valladolid: Ámbito, 1988.

Rougemont, Denis de. *Love in the Western World.* Greenwich, CN.: Fawcett, 1966.

Ruiz, Juan (Arcipreste de Hita). *Libro de buen amor.* Ed. Julio Cejador y Frauca. 11.ª ed. 2 vols. Madrid: Espasa-Calpe, 1970.

Sánchez, Alberto. "El *Persiles* como repertorio de moralidades." *Anales Cervantinos* 4 (1954): 199-223.

Sánchez Ferlosio, Rafael. *Las semanas del jardín.* 2 vols. Madrid: Nostromo, 1973-1974.

———. *Mientras no cambien los dioses, nada ha cambiado.* Madrid: Alianza Editorial, 1986.

———. *La homilía del ratón.* Madrid: Ediciones El País, 1986.

———. "Cuando la flecha está en el arco, tiene que partir." *Claves de razón práctica* 1 (abril 1990). También en *Ensayos y Artículos.* 2 vols. Barcelona: Destino, 1992. 2: 475-513.

Sánchez Romeralo, Antonio. *El villancico: estudios sobre la lírica popular de los siglos XV y XVI.* Madrid: Gredos, 1964.

Schevill, Rudoph. "Studies in Cervantes. *Persiles y Sigismunda*: The Question of Heliodorus." *Modern Philology* 4 (1907): 677-704.

Shepard, Sanford. *El Pinciano y las teorías literarias del Siglo de Oro.* Madrid: Gredos, 1962.

Smith, David Eugene y Louis Charles Karpinski. *The Hindu-Arabic numerals.* Boston-London: Ginn and Company, 1911.

Smith, Paul Julian. "Barthes, Gongora and Nonsense." *PMLA* 101 (1986): 82-94.

———. *Writing in the Margin.* Oxford: Clarendon Press, 1988.

Stegmann, Tilbert Diego. *Cervantes' Musterroman* Persiles. *Epentheorie und Romanpraxis um 1600.* Hamburgo: Hartmut Ludke Verlag, 1971.

Swietlicki, Catherine. *Spanish Christian Cabala: The Works of Luis de León, Santa Teresa de Jesús, and San Juan de la Cruz.* Columbia: University of Missouri Press, 1986.
Urbina, Eduardo. *Principios y fines del* Quijote. Potomac, MD: Scripta humanistica, 1990.
Vilanova, Antonio. "El peregrino andante en el *Persiles* de Cervantes." *Boletín de la Real Academia de Buenas Letras de Barcelona* 22 (1949): 97-159.
Wilson, Diana de Armas. "Cervantes' Labors of Persiles: Writing (in) the In-Between." En *Literary Theory / Renaissance Texts.* Ed. Patricia Parker y David Quint. Baltimore: Johns Hopkins University Press, 1986. 150-181.
―――. "Splitting the Difference: Dualisms in *Persiles.*" *Cervantes* 10 1 (1990): 35-50.
―――. *Allegories of Love: Cervantes's* Persiles and Sigismunda. Princeton: Princeton University Press, 1991.
―――. "Unreason's Reason: Cervantes and the Frontiers of Difference." *Philosophy and Literature* 16 1 (1992): 49-67.
Williams, L. Peirce y Henry John Steffens. *The History of Science in Western Civilization.* 3 vols. University Press of America, 1978.
Williamsen, Amy. "Comic Subversion: Humor and Irony in the *Persiles.*" *Neophilologus* 72 2 (1988): 218-26.
―――. "Metafiction in *Persiles.*" *Cervantes* 10 1 (1990): 109-120.
―――. *Co(s)mic Chaos: Exploring* Los Trabajos de Persiles y Sigismunda. Newark, DE.: Juan de la Cuesta, 1994.
Zimic, Stanislas. "El *Persiles* como crítica de la novela bizantina." *Acta Neophilologica* 3 (1970): 49-64.
Zolla, Elemire. "Carnival, When Men Get Pregnant." En *The Androgyne: Reconciliation of Male and Female.* New York: Crossroad, 1981.

NORTH CAROLINA STUDIES IN THE ROMANCE LANGUAGES AND LITERATURES

I.S.B.N. Prefix 0-8078-

Recent Titles

THE POETRY OF CHANGE: A STUDY OF THE SURREALIST WORKS OF BENJAMIN PÉRET, by Julia Field Costich. 1979. (No. 206). -9206-8.

NARRATIVE PERSPECTIVE IN THE POST-CIVIL WAR NOVELS OF FRANCISCO AYALA "MUERTES DE PERRO" AND "EL FONDO DEL VASO", by Maryellen Bieder. 1979. (No. 207). -9207-6.

RABELAIS: HOMO LOGOS, by Alice Fiola Berry. 1979. (No. 208). -9208-4.

"DUEÑAS" AND DONCELLAS": A STUDY OF THE DOÑA RODRÍGUEZ EPISODE IN "DON QUIJOTE", by Conchita Herdman Marianella. 1979. (No. 209). -9209-2.

PIERRE BOAISTUAU'S "HISTOIRES TRAGIQUES": A STUDY OF NARRATIVE FORM AND TRAGIC VISION, by Richard A. Carr. 1979. (No. 210). -9210-6.

REALITY AND EXPRESSION IN THE POETRY OF CARLOS PELLICER, by George Melnykovich. 1979. (No. 211). -9211-4.

MEDIEVAL MAN, HIS UNDERSTANDING OF HIMSELF, HIS SOCIETY, AND THE WORLD, by Urban T. Holmes, Jr. 1980. (No. 212). -9212-2.

MÉMOIRES SUR LA LIBRAIRIE ET SUR LA LIBERTÉ DE LA PRESSE, introduction and notes by Graham E. Rodmell. 1979. (No. 213). -9213-0.

THE FICTIONS OF THE SELF. THE EARLY WORKS OF MAURICE BARRES, by Gordon Shenton. 1979. (No. 214). -9214-9.

CECCO ANGIOLIERI. A STUDY, by Gifford P. Orwen. 1979. (No. 215). -9215-7.

THE INSTRUCTIONS OF SAINT LOUIS: A CRITICAL TEXT, by David O'Connell. 1979. (No. 216). -9216-5.

ARTFUL ELOQUENCE, JEAN LEMAIRE DE BELGES AND THE RHETORICAL TRADITION, by Michael F. O. Jenkins. 1980. (No. 217). -9217-3.

A CONCORDANCE TO MARIVAUX'S COMEDIES IN PROSE, edited by Donald C. Spinelli. 1979. (No. 218). 4 volumes, -9218-1 (set), -9219-X (v. 1), -9220-3 (v. 2); -9221-1 (v. 3); -9222-X (v. 4).

ABYSMAL GAMES IN THE NOVELS OF SAMUEL BECKETT, by Angela B. Moorjani. 1982. (No. 219). -9223-8.

GERMAIN NOUVEAU DIT HUMILIS: ÉTUDE BIOGRAPHIQUE, par Alexandre L. Amprimoz. 1983. (No. 220). -9224-6.

THE "VIE DE SAINT ALEXIS" IN THE TWELFTH AND THIRTEENTH CENTURIES: AN EDITION AND COMMENTARY, by Alison Goddard Elliot. 1983. (No. 221). -9225-4.

THE BROKEN ANGEL: MYTH AND METHOD IN VALÉRY, by Ursula Franklin. 1984. (No. 222). -9226-2.

READING VOLTAIRE'S CONTES: A SEMIOTICS OF PHILOSOPHICAL NARRATION, by Carol Sherrnan. 1985. (No. 223). -9227-0.

THE STATUS OF THE READING SUBJECT IN THE "LIBRO DE BUEN AMOR", by Marina Scordilis Brownlee. 1985. (No. 224). -9228-9.

MARTORELL'S TIRANT LO BLANCH: A PROGRAM FOR MILITARY AND SOCIAL REFORM IN FIFTEENTH-CENTURY CHRISTENDOM, by Edward T. Aylward. 1985. (No. 225). -9229- 7.

NOVEL LIVES: THE FICTIONAL AUTOBIOGRAPHIES OF GUILLERMO CABRERA INFANTE AND MARIO VARGAS LLOSA, by Rosemary Geisdorfer Feal. 1986. (No. 226). -9230-0.

SOCIAL REALISM IN THE ARGENTINE NARRATIVE, by David William Foster. 1986. (No. 227). -9231-9.

HALF-TOLD TALES: DILEMMAS OF MEANING IN THREE FRENCH NOVELS, by Philip Stewart. 1987. (No. 228). -9232-7.

POLITIQUES DE L'ECRITURE BATAILLE/DERRIDA: le sens du sacré dans la pensée française du surréalisme à nos jours, par Jean-Michel Heimonet. 1987. (No. 229). -9233-5.

When ordering please cite the ISBN Prefix plus the last four digits for each title.

Send orders to: University of North Carolina Press
P.O. Box 2288
CB# 6215
Chapel Hill, NC 27515-2288
U.S.A.

NORTH CAROLINA STUDIES IN THE ROMANCE LANGUAGES AND LITERATURES

I.S.B.N. Prefix 0-8078-

Recent Titles

GOD, THE QUEST, THE HERO: THEMATIC STRUCTURES IN BECKETT'S FICTION, by Laura Barge. 1988. (No. 230). *-9235-1.*
THE NAME GAME. WRITING/FADING WRITER IN "DE DONDE SON LOS CANTANTES", by Oscar Montero. 1988. (No. 231). *-9236-X.*
GIL VICENTE AND THE DEVELOPMENT OF THE COMEDIA, by René Pedro Garay. 1988. (No. 232). *-9234-3.*
HACIA UNA POÉTICA DEL RELATO DIDÁCTICO: OCHO ESTUDIOS SOBRE "EL CONDE LUCANOR", por Aníbal A. Biglieri. 1989. (No. 233). *-9237-8.*
A POETICS OF ART CRITICISM: THE CASE OF BAUDELAIRE, by Timothy Raser. 1989. (No. 234). *-9238-6.*
UMA CONCORDÃNCIA DO ROMANCE "GRANDE SERTÃO: VEREDAS" DE JOÃO GUIMARÃES ROSA, by Myriam Ramsey and Paul Dixon. 1989. (No. 235). Microfiche, *-9239-4.*
CYCLOPEAN SONG: MELANCHOLY AND AESTHETICISM IN GÓNGORA S "FÁBULA DE POLIFEMO Y GALATEA", by Kathleen Hunt Dolan. 1990. (No. 236). *-9240-8.*
THE "SYNTHESIS" NOVEL IN LATIN AMERICA. A STUDY ON JOÃO GUIMARÃES ROSA'S "GRANDE SERTÃO: VEREDAS", by Eduardo de Faria Coutinho. 1991. (No. 237). *-9241-6.*
IMPERMANENT STRUCTURES. SEMIOTIC READINGS OF NELSON RODRIGUES' "VESTIDO DE NOIVA", "ÁLBUM DE FAMÍLIA", AND "ANJO NEGRO", by Fred M. Clark. 1991. (No. 238). *-9242-4.*
"EL ÁNGEL DEL HOGAR". GALDÓS AND THE IDEOLOGY OF DOMESTICITY IN SPAIN, by Bridget A. Aldaraca. 1991. (No. 239). *-9243-2.*
IN THE PRESENCE OF MYSTERY: MODERNIST FICTION AND THE OCCULT, by Howard M. Fraser. 1992. (No. 240). *-9244-0.*
THE NOBLE MERCHANT: PROBLEMS OF GENRE AND LINEAGE IN "HERVIS DE MES", by Catherine M. Jones. 1993. (No. 241). *-9245-9.*
JORGE LUIS BORGES AND HIS PREDECESSORS OR NOTES TOWARDS A MATERIALIST HISTORY OF LINGUISTIC IDEALISM, by Malcolm K. Read. 1993. (No. 242). *-9246-7.*
DISCOVERING THE COMIC IN "DON QUIXOTE", by Laura J. Gorfkle. 1993. (No. 243). *-9247-5.*
THE ARCHITECTURE OF IMAGERY IN ALBERTO MORAVIA'S FICTION, by Janice M. Kozma. 1993. (No. 244). *-9248-3.*
THE "LIBRO DE ALEXANDRE". MEDIEVAL EPIC AND SILVER LATIN, by Charles F. Fraker. 1993. (No. 245). *-9249-1.*
THE ROMANTIC IMAGINATION IN THE WORKS OF GUSTAVO ADOLFO BÉCQUER, by B. Brant Bynum. 1993. (No. 246). *-9250-5.*
MYSTIFICATION ET CRÉATIVITÉ DANS L'OEUVRE ROMANESQUE DE MARGUERITE YOURCENAR, par Beatrice Ness. 1994. (No. 247). *-9251-3.*
TEXT AS TOPOS IN RELIGIOUS LITERATURE OF THE SPANISH GOLDEN AGE, by M. Louise Salstad. 1995. (No. 248). *-9252-1.*
CALISTO'S DREAM AND THE CELESTINESQUE TRADITION: A REREADING OF *CELESTINA*, by Ricardo Castells. 1995. (No. 249). *-9253-X.*
THE ALLEGORICAL IMPULSE IN THE WORKS OF JULIEN GRACQ: HISTORY AS RHETORICAL ENACTMENT IN *LE RIVAGE DES SYRTES* AND *UN BALCON EN FORÊT*, by Carol J. Murphy. 1995. (No. 250). *-9254-8.*
VOID AND VOICE: QUESTIONING NARRATIVE CONVENTIONS IN ANDRÉ GIDE'S MAJOR FIRST-PERSON NARRATIVES, by Charles O'Keefe. 1996. (No. 251). *-9255-6.*
EL CÍRCULO Y LA FLECHA: PRINCIPIO Y FIN, TRIUNFO Y FRACASO DEL *PERSILES*, por Julio Baena. 1996. (No. 252). *-9256-4.*

When ordering please cite the *ISBN Prefix* plus the last four digits for each title.

Send orders to: University of North Carolina Press
P.O. Box 2288
CB# 6215
Chapel Hill, NC 27515-2288
U.S.A.

The Department of Romance Studies Digital Arts and Collaboration Lab at the University of North Carolina at Chapel Hill is proud to support the digitization of the North Carolina Studies in the Romance Languages and Literatures series.

DEPARTMENT OF
Romance Studies
Digital Arts and Collaboration Lab

www.ingramcontent.com/pod-product-compliance
Lightning Source LLC
Chambersburg PA
CBHW030656230426
43665CB00011B/1117